荘園
から読み解く
中世という時代

Takemitsu Makoto
武光 誠

KAWADE夢新書

地名や慣用句にも残る荘園の実相とは——はじめに

荘園《しょうえん》とは有力な貴族、寺社などの支配をうけた地方の武士の領地である。中世の日本には、国内に独自の法を定めた多くの荘園がならび立っていた。

この荘園のことを知らなければ、日本の中世史を正確に理解できない。しかし現在出されている荘園関連の歴史書には、専門用語をならべたてた難解なものが多い。そこで私は専門用語の使用を最小限にして、なるべくふだん使う日常語を用いて、荘園のことをわかりやすく解説したいと考えた。

荘園は昔の制度であっても、現在でも荘園制の名残《なごり》がみられる。「年貢《ねんぐ》の納め時」という言葉がある。ミステリー小説やドラマで、犯人を指摘した名探偵や刑事の決め台詞《ぜりふ》の一つに、このようなものがある。

「あなたの『年貢の納め時』です。潔《いさぎよ》く罪をつぐないなさい」

悪事をした者が捕《と》らえられて刑に服すべきときを、「年貢の納め時」という。これは中世の荘園を管理した武士が、あれこれ理屈をならべたてて中央の貴族や寺社になかなか年貢

(租税)を納めなかったことから生じた言葉である。

また、「泣く子と地頭《じとう》には勝てぬ」ということわざは、農民たちが荘園の管理者である武士たちに黙ってしたがったありさまを物語る。四字熟語の「一所懸命《いっしょけんめい》」は、そのような武士たちが命をかけて一つの領地を守ったことを示している。

また、荘園にまつわる地名が、日本のあちこちに多く残っている。本荘《ほんじょう》、庄内《しょうない》は、荘園が置かれた地の地名で、本保《ほんぽ》、保内《ほない》、保田《ほた》などは、国司が有力者に開発させた「保《ほ》」という荘園の地名である。

また租税の全面的免除をうけた荘園を表わす免内《めんうち》、新免《しんめん》、後免《ごめん》や、租税が軽減されたことを示す別符《べっぷ》、別府《べっぷ》、一色《いっしき》の地名もある。

荘園史の全体像をつかむのは難しい。荘園のあり方は、荘園ごとにまちまちである。中央の領主の指導力の強いところから、現地の武士の私領と変わらないところまである。

租税の額も荘園の事情によって千差万別《せんさばんべつ》で、現地の管理人が、強大な武士に代わったとたんに年貢をほとんど送らなくなるところもある。中央の領主と荘園の管理人の力関係が変化したことを機に、租税が増減する場合もあったと考えられる。

しかも多くの荘園の歴史は、断片的な古文書《こもんじょ》を手掛かりに推測していくほかない。「一つの荘園の歴史を正確に書き残した文献」といった、都合のよいものは残っていない。

現在の熊本市北部に、仁和寺《にんなじ》（京都市）領の鹿子木荘《かのこぎのしょう》という広大な荘園があった。この荘園の由来を詳しく記した、『鹿子木荘事書《かのこぎのしょうことがき》』という文書が残っている。そこにはその荘園は、「鹿子木高方《かのこぎたかかた》が応徳三年（一〇八六）に大宰大弐《だざいのだいに》（九州全体を治め貿易を管理する大宰府《だざいふ》の次官）の藤原実政《さねまさ》に寄進した農地を起源としたものだ」とある。

しかしその文書は、鹿子木高方の子孫が訴訟のときに提出したものである。そしてそれは荘園ができてから二〇〇年以上たってから書かれた。

そのために『鹿子木荘事書』の記述のどこまでが事実であるかをめぐって、これまで多くの論文が出されてきた。

このようなわかりにくさが、多くの日本中世史の研究者を荘園研究にひきつけてきたのだ。一つの荘園に関わる新しい見方を出すことができれば、一つの論文として評価される。そのためこれまでに、きわめて多くの荘園史を扱った論文が書かれてきた。そのような成果をふまえたうえで、本書では日本史の大きな流れの中に荘園を位置づけてまとめ、解説していきたい。

武光　誠

荘園から読み解く中世という時代／目次

1 土地はそもそも「誰のもの」と考えられていたか
荘園成立の前史

2 平安期、「貴族」はなぜ荘園の利権を掌握しえたか
荘園の誕生と拡大

3 院政期、荘園の発展とともに「武士が成長」した理由とは ── 大規模荘園の全国化

4 多様化する荘園の「経営」は、どうおこなわれたか

最盛期の荘園

5 「武家政権」がおこなった荘園支配の新しいかたちとは

変容する荘園

荘園の終焉

6 室町以後、戦乱を経て荘園はなぜ「解体」されていったのか

装幀◉こやまたかこ

1 土地はそもそも「誰のもの」と考えられていたか

荘園成立の前史

ヤマト政権確立のとき、土地は誰のものだったか?

わかりにくい「荘園《しょうえん》」の正体

「荘園」という言葉は、日本の歴史を学ぶときに必ず目にするものである。しかしこの「荘園」は、日本史の研究者にとって最も扱いづらいものの一つとされている。

「はじめに」で述べたように、荘園関係の文献に、いかようにも解釈できるものが多いために、これまでに多様な荘園の研究が出されてきた。その中には、相矛盾するものも少なくない。その点を十分に知ったうえで、私はこのたび、荘園の歴史をわかりやすく解説した本に挑んでみた。

荘園には、多様な形があった。明治以前の武士(侍)や、現代の株式会社にも、さまざまなものがある。それらについて一言で説明するのも、容易ではあるまい。

『広辞苑』という国語辞典は、「荘園」を次のように定義する。

「平安時代より室町時代にかけての貴族・寺社の私的な領有地」

おおむね、このあたりが妥当であろう。しかし、あとで述べるように、奈良時代にも荘園はあったし、皇室領の荘園も多かった。

日本中世史の研究者の小山靖憲《こやまやすのり》氏は、平安時代末以降にできた荘園を「領域型荘園《りょういきがたしょうえん》」と名付けた（『中世寺社と荘園制』、塙書房刊）。今日では専門家の間で、この「領域型荘園」という言葉が広く使われている。

「領域型荘園」とは、複数の村落を含む広い地域を囲い込む形でつくられた荘園である。私はこう考えている。

「領域型荘園が全国規模で広がったあと、はじめて日本国内の住民の大部分が皇室となんらかのつながりをもった」

そのあとで、「天皇は日本全体の君主である」とする考えが、広く公認された。

全国の土地は平安時代末から、多くの荘園に区分されるようになったのだ。荘園の中には皇室領や寺社の領地の名目をとる皇室領、皇族の領地があった。それと共に、皇室から自立した貴族や寺社、武家の所領などもみられた。

朝廷と呼ばれた貴族政権が国司（地方官）を介して治めた公領《こうりょう》の土地も、荘園と同じような形で管理されていた。

朝廷が荘園と公領を介して国内を支配する制度は、「荘園公領制《しょうえんこうりょうせい》」と呼ばれている。

のちに豊臣秀吉は太閤検地《たいこうけんち》（一五九一年頃）をおこなって、荘園制を否定した。これによって、日本は豊臣家の直轄領と大名領とに区分されることになった。

つまり平安時代末の荘園公領制の成立から太閤検地《たいこうけんち》までの間は、日本人の大部分が、いずれかの荘園の構成員であったことになる。

土地は古くは大地の神の持ち物とされていた

荘園公領制の成立によって、皇室ははじめて中央の荘園領主（皇族、貴族、寺社）などを介して全国の土地を把握した。しかし国内はそれまで、きわめて多くの豪族（武士）の領地に区分されていたと推測できる。

そのあたりの実情を考えるうえで、興味深い本がある。日本古代史の研究者の、三谷芳《みたによし》幸《ゆき》氏の『大地の古代史』（吉川弘文館刊）である。

三谷氏は、古代の日本には、「大地を支配する神がいる」とする考えが広くみられたという。そのため大王《おおきみ》（天皇の先祖）や豪族は、自分が治める土地を象徴する、土を用いた祭祀《さいし》をおこなっていた。

『日本書紀』は、磐余彦《いわれひこ》（初代神武《じんむ》天皇）が奈良盆地を平定するために天香久山《あまのかぐやま》（橿原市《かしはらし》）

の土で土器をつくり、神々を祀《まつ》ったと記している。そのような神聖な土は、大和の大地の神の身代わりを表わす「物実《ものざね》」と呼ばれた。

弥生時代に農耕が始まったとき（紀元前一〇世紀頃）から、作物を育ててくれる大地の神に対する信仰が生まれたのであろう。古代にはそのような神は、「国魂《くにたま》（クニを守る神）」と呼ばれた。

大国主命《おおくにぬしのみこと》という神名も、「国魂の神」を意味するものである。古くは豪族などが治める一定の地域が、クニと呼ばれた。このクニがもとになって、「国《くに》」という古代の行政区画ができた。

国を治めた者は、国造《くにのみやつこ》ついで国司《こくし》と呼ばれた。大王や豪族は、自分の領地の神聖な収穫物を食べる祭祀をおこなった。新穀を神に供え、清められた米（お下《さが》り）を用いた御飯を食べるその行為は、「食国《おすくに》」と呼ばれた。

のちにこの「食国」は、クニの支配権を表わす言葉としても使われた。現在の皇室では、皇室祭祀《さいし》としてこの食国の流れをひく新嘗祭《にいなめさい》をおこなっている。

大地を支配する神の信仰

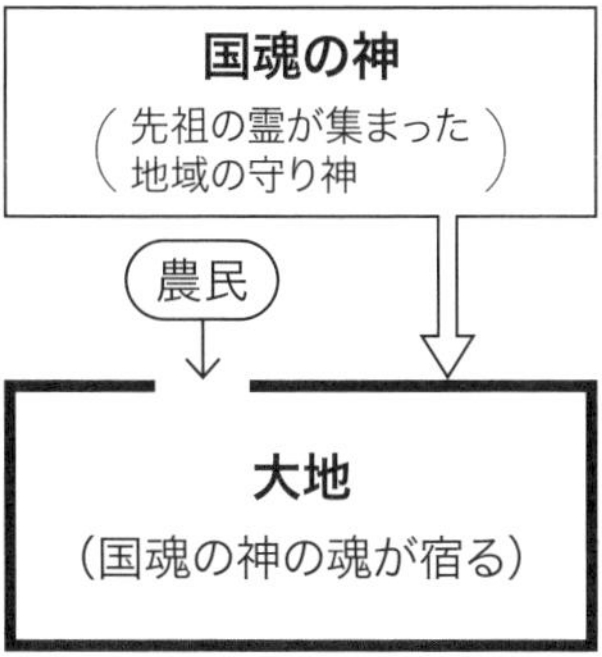

古代人は神社が祀る現在の神と同じものを、「神」「命《みこと》」「魂《たま》」などのさまざまな名称を用いて表わしていた。

かつて大王や地方豪族は人びとから、大地の神に「クニの政治を委任された者」とされていた。一定の広がりをもつクニは、大地の神の持ち物とされた。そのため豪族たちは祭祀を通じて、大地の神の意向を伺《うかが》った。

それとともに古代の日本ではこういった考えがとられていた。

「国魂の神は、住民の祖先の霊魂が集まった神である」

そのため、国魂は父母のような優しい気持ちで子孫を慈《いつく》しむ神とみられた。これによって古代日本の大王や豪族は、国魂の意向にしたがった、住民のためになるよい政治をおこなわねばならないとされた。

盆地世界に分かれていた古代の日本

私は古代の地方豪族のあり方を理解するうえで、「盆地世界」という概念が有効だと考えている。日本列島に、山地に囲まれた盆地や、三方を山地に閉ざされた海岸沿いの小平野が多くみられる。

そのようなところでは、他の地域にない、独自の風俗、習慣、文化が江戸時代末まで受けつがれていた。一つの盆地社会には、山や平地、海岸、川などが揃っていた。そのため他の地域との交易を多少おこなえば、個々の盆地世界を単位に自給自足ができた。

日本の小盆地61選

北海道

①名寄《なよろ》盆地
②北見盆地
③上川《かみかわ》盆地
④美幌《びほろ》盆地
⑤富良野《ふらの》盆地

東北

⑥大館《おおだて》盆地
⑦鷹巣《たかのす》盆地
⑧花輪盆地
⑨雫石《しずくいし》盆地
⑩沢内《さわうち》盆地
⑪北上《きたかみ》盆地
⑫花巻盆地
⑬遠野《とおの》盆地
⑭横手盆地
⑮新庄盆地
⑯山形盆地
⑰米沢《よねざわ》盆地
⑱福島盆地
⑲猪苗代《いなわしろ》盆地
⑳郡山《こおりやま》盆地

関東

㉑沼田盆地
㉒秩父《ちちぶ》盆地
㉓秦野《はだの》盆地

中部

㉔六日町《むいかまち》盆地
㉕十日町《とおかまち》盆地
㉖長野盆地
㉗上田盆地
㉘佐久《さく》盆地
㉙松本盆地
㉚諏訪《すわ》盆地
㉛甲府盆地
㉜伊那《いな》盆地
㉝高山《たかやま》盆地
㉞大野盆地

近畿

㉟近江《おうみ》盆地
㊱信楽《しがらき》盆地
㊲山城《やましろ》盆地
㊳伊賀上野《いがうえの》盆地
㊴奈良盆地
㊵亀岡盆地
㊶綾部《あやべ》盆地
㊷福知山《ふくちやま》盆地
㊸豊岡《とよおか》盆地
㊹篠山《ささやま》盆地
㊺峰山《みねやま》盆地

中国

㊻津山盆地
㊼新見《にいみ》盆地
㊽三次《みよし》盆地
㊾津和野《つわの》盆地
㊿山口盆地

四国

51宇和《うわ》盆地
52内子《うちこ》盆地
53大洲《おおず》盆地

九州

54由布院《ゆふいん》盆地
55日田《ひた》盆地
56竹田盆地
57人吉《ひとよし》盆地
58大口《おおくち》盆地
59小林盆地
60都城《みやこのじょう》盆地
61知覧《ちらん》盆地

出典：米山俊直氏『小盆地宇宙と日本文化』（岩波書店刊）より

そしてこのような盆地世界には、必ず盆地内の交易の核となる都市がつくられた。

文化人類学者の米山俊直《よねやまとしなお》氏は、私が「盆地世界」としたものを「小盆地宇宙」と呼んでいる（『小盆地宇宙と日本文化』岩波書店刊）。米山氏は中国の雲南《うんなん》の調査のときに、雲南で一つの盆地の住民が一つの民族を形成している例を多くみたという。これとともに、

「日本は、村社会の集まりである」

といわれることがある。私たち日本人は、一〇〇人から二〇〇人ていどの気心の知れた集団の中にいると、安心するというのだ。古代の集落跡の調査などから、弥生時代のはじめに、主に血縁者から成る、共に稲作に従事するための村落がつくられたと考えられている。

このような村落は、日本で長期にわたって受けつがれた。ゆえに江戸時代には多くの地方で、村社会が残っていた。

しかし人びとは、より豊かな生活を求めて団結した。そのため盆地社会を単位に、その地域の村落の指導者を束《たば》ねる有力豪族が現われた。

ヤマト政権の国内統一以前の、自立したそのような有力豪族の領域は、「小国《しょうこく》」と呼ぶのにふさわしいものだった。弥生時代中期にあたる紀元前二世紀頃から、盆地世界の中心と

なる古代都市の遺跡が各地に広まっている。このことは小国の出現を物語るものだ。巨大な楼閣《ろうかく》（高殿《たかどの》）で知られる、佐賀県神埼《かんざき》市吉野ヶ里《よしのがり》遺跡は、そのような小国の一例である。

「盆地世界」とは、「宇宙」のような自然界に確かに存在するものではない。「世界」という日本語には、「同類の集まり」を表わす用法がある。「学者の世界」とか「芸能人の世界」を表わす「学界」「芸能界」といった言葉がその例になる。

盆地や海岸沿いの小平野といった自然環境が、人間に盆地世界をつくることを強制した

主要な入江の平野

北海道
①頓別《とんべつ》平野
②天塩《てしお》平野
③釧路《くしろ》平野
④十勝《とかち》平野
⑤石狩《いしかり》平野
⑥岩内《いわない》平野
⑦勇払《ゆうふつ》平野
⑧函館《はこだて》平野

東北
⑨青森平野
⑩三本木原《さんぼんぎはら》
⑪津軽平野
⑫秋田平野
⑬庄内《しょうない》平野
⑭仙台平野

中部
⑮越後《えちご》平野
⑯高田平野
⑰富士裾野《すその》
⑱静岡平野
⑲富山平野
⑳金沢平野
㉑牧ノ原《まきのはら》
㉒磐田原《いわたはら》
㉓三方原《みかたはら》
㉔豊橋《とよはし》平野
㉕岡崎平野
㉖福井平野

近畿
㉗伊勢平野
㉘和歌山平野
㉙播磨《はりま》平野
㉚洲本《すもと》平野

中国
㉛鳥取平野
㉜倉吉《くらよし》平野
㉝米子《よなご》平野
㉞松江平野
㉟出雲《いずも》平野
㊱岡山平野
㊲福山平野
㊳広島平野

四国
㊴讃岐《さぬき》平野
㊵新居浜《にいはま》平野
㊶松山平野
㊷徳島平野
㊸高知平野

九州
㊹直方《のおがた》平野
㊺中津平野
㊻福岡平野
㊼筑紫《つくし》平野
㊽大分平野
㊾菊池平野
㊿熊本平野
51宮崎平野
52肝属《きもつき》平野
53シラス台地
54川内《せんだい》平野

のではない。盆地世界とは、「一つの地域の住人が、まとまって互いの利益を確保したい」という発想によって、人為的につくられた。だから明治時代以降、鉄道などによって交通が便利になっていく中で、個々の盆地世界の特性は薄れていった。

班田収授法《はんでんしゅうじゅほう》は、どこまで機能したのか？

自立した豪族の連合であったヤマト政権

ヤマト政権は、奈良県桜井《さくらい》市纒向《まきむく》遺跡の地で誕生した。二世紀末に出現した纒向遺跡は、約一平方キロメートルの面積をもつ広大な遺跡であった。

纒向を治める王家は、大和川水系を用いて盛んに各地の豪族と交易した。纒向には多くの工人《こうじん》（職人）がおり、多様な特産物がつくられた。鋼鉄などの祭器や鉄製の農工具は、纒向から東海、関東地方に広まった。纒向は「古代都市」と呼ぶにふさわしい、文化の中心地となっていたのだ。

纒向を治めた有力豪族は、現在の皇室の先祖にあたるとみてよい。本書では便宜上その有力豪族の族長を「大王《おおきみ》」、かれの一族を「王家」と呼んでおく。しかし皇室の遠い先祖は、三世紀にはオオキミではなくイリヒコ（入彦）の敬称で呼ばれていたのかもしれない。王家は三世紀なかばから急速に勢力を拡大した。そしてしだいに中央の豪族を組織した豪族連合をつくり上げていった。

四世紀末の応神《おうじん》天皇の時代に王家は、奈良盆地、大阪平野、京都盆地を中心とする地域の統一に成功した。近畿地方中心部に相当するその範囲は、古代には「畿内《きない》」と呼ばれた。

しかし応神天皇の時点のヤマト政権は、畿内という豊かな一つの盆地世界を治める政権にすぎなかったとみるほかない。地方の盆地世界には、吉備《きび》氏（岡山県）、出雲《いずも》氏（島根県）、筑紫《つくし》氏（福岡県）、毛野《けの》氏（群馬県）などの自立した有力豪族が多くいた。

このあと王家は、朝鮮半島の百済《くだら》という小国と盛んに交易した。それとともにかれらは、中国の江南《こうなん》（長江《ちょうこう》下流域）にあった南朝の宋《そう》（劉宋《りゅうそう》）朝に遣使して勢力を伸ばした。劉宋の歴史を記した『宋書《そうじょ》』に、讃《さん》、珍《ちん》、済《せい》、興《こう》、武《ぶ》の五人の倭王《わおう》が五世紀に中国に使者を送ったことがみえる。この五人の倭王は「倭《わ》の五王《ごおう》」と呼ばれる。倭の五王の時代の王家はしだいに、地方豪族を、王家を核とする豪族連合に組み込んでいった。

六世紀はじめに継体《けいたい》天皇が、北九州を治めた筑紫磐井《いわい》という有力な豪族を討って地方豪族に対する支配を強化した。この頃から王家は、地方の主な豪族を、ヤマト政権にしたがう国造《くにのみやつこ》という役人に任命していった。

この動きをうけて、聖徳太子は六〇七年に「日《ひ》出《いずるところ》処の天子《てんし》」と称して中国の隋《ずい》朝に遣使した。

ついで王家は七世紀なかばの大化改新のときに国《くに》という新たな行政区分をつくり、個々の国に国宰《こくさい》（のちの国司）を派遣した。それとともに地方豪族が評司《ひょうじ》（のちの郡司《ぐんじ》）に任命され、かれが治めたクニは、国の下に置かれた評《こおり》（のちの郡）という行政区画とされた。

大化改新の政治改革は、中国風の中央集権政治を目指してなされたものであった。そして大化改新以来の政治改革の流れをうけて、大宝《たいほう》元年（七〇一）に、「大宝律令《たいほうりつりょう》」という精密な法が制定された。その法は同時代の中国の唐《とう》朝の「律令」を、ほとんど丸写しにしたものだった。この「大宝律令」は、制定の翌年（七〇二年）に施行された。

地方豪族には理解できない「律令」にもとづく支配

「大宝律令」にもとづいて、「班田収授法《はんでんしゅうじゅほう》」が実施されたといわれる。それは国内の土地や民衆をすべて国家（朝廷）が把握することをたてまえとしたものだった。

班田収授法は、きわめて複雑な法である。その全体像を簡単に紹介するのは難しいが、その大筋だけを示すと次のようになる。

・すべての民衆は、親族から成る戸《こ》という単位に編成され、戸籍《こせき》、計帳《けいちょう》という帳簿に登録される。

・六歳以上の男女には、戸籍にもとづいて一定の広さの口分田《くぶんでん》が授けられる。

・口分田は、売買できない。また口分田の相続もできず、死者の口分田はすべて朝廷に返上せねばならない。

・民衆は口分田から得た利益の中から、租庸調《そようちょう》などの租税を徴収される。

このような班田収授は、国司の主導でなされた。国司の下には郡司がおり、郡には五〇戸をまとめて編成した、里長《りちょう》が治める里《り》がいくつかあった。そのため法のうえでは、国司の命を受けた郡司が、配下の里長たちに指示して、班田収授や徴税をおこなうことになっていた。

しかし郡司を務めていた地方豪族が、律令の複雑な規定を理解したとは思えない。ゆえに班田収授法が全国規模で実施されたとは、とうてい考えられないのだ。

中国法は、皇帝の専制のもとで土地を国家の持ち物とする。しかし、

「律令」にもとづいて与えられた口分田の広さ

男性	女性
2段	1段120歩

6～11歳で口分田を与えられ、亡くなったあと没収される。
1段は現在の11.9アール（0.119ヘクタール）で360歩に相当する

このような論理と、「土地は、地域を守る大地の神のもの」とする日本古来の考え方とはあまりにもかけ離れている。

贈与交易の形をとったヤマト政権と地方との関係

ヤマト政権は古くは、利益を供与することを通じて、地方豪族を大王のもとに組織してきた。古墳の築造方法や農地開発のための水利技術、漢字を用いた表記などの知識が、中央から地方に伝えられた。

またヤマト政権は三世紀後半から、三角縁神獣鏡《さんかくぶちしんじゅうきょう》という大型の贅沢《ぜいたく》な銅鏡を地方の主だった豪族に分け与えた。円形の鏡の外側の縁を高くして三角形につくり、鏡の裏に想像上の動物などの模様をつけた銅鏡を、三角縁神獣鏡という。

百済との交易が盛んになった四世紀末以降は、中央で百済の技術を学んで製造した馬具や甲冑《かっちゅう》が地方に送られた。地方豪族の側は、それらに対する返礼品として、中央に自分たちの居住地の特産品を送った。

ヤマト政権へのこのような献上品は、調《つき》とか贄《にえ》と呼ばれた。

貨幣などを用いる商取引成立以前の古い時代に、贈与交易《ぞうよこうえき》の段階があったとする経済学者の説がある。贈与交易とは、自立した集団の間で特産品を贈与し合う形をとる交易である。

朝廷で「律令」ができたが、地方豪族の側は中央とのやり取りを「贈与交易のようなもの」と考えていたのではあるまいか。

八世紀はじめに、中央から派遣された国司が勤務する国府《こくふ》（のちに「国衙《こくが》」と呼ばれる）の建物群が各地につくられた。そしてそこから郡司に、中央の多様な技術や文化が伝えられるようになった。

国府は領内の市《いち》を運営した。そのため、国司の手で郡司の本拠地の郡市《ぐんのいち》に、中央や他の地方の多様な商品が送られた。

「律令」には、租庸調などについての詳細な規定があった。しかし郡司を務める地方豪族の側は、国司が求める物品を前代の調や贄のようなものと考えていたらしい。

「律令」には、「朝廷が戸籍をつくって、個々の民衆まで把握する」というたてまえがあった。しかし多くの地方で、地方と中

「律令」にもとづく主な租税

区分	正丁（21～60歳の男性）	次丁《じてい》（老丁《ろうてい》）（61～65歳の男性）	中男《ちゅうなん》（少丁《しょうてい》）（17～20歳の男性）
祖	田1段につき稲2束《そく》2把《わ》		
調	絹・絁《あしぎぬ》・糸・布など郷土の産物の一種を一定量	正丁の½	正丁の¼
傭	都の労役（歳役《さいえき》）10日にかえ、布2丈《じょう》6尺《しゃく》（約8m）	正丁の½	なし
雑徭	地方での労役、60日以下	正丁の½	正丁の¼

央との交流は、「国司と郡司とのやりとり」とされていたと考えてよい。「小国」と呼ぶべき古代の自立した盆地世界の住民は、「盆地世界の外部の集団との交渉事は、郡司の役割である」とみていたのであろう。小国の誕生以来、盆地世界を治める豪族が外交官の仕事を務めていたのだ。

次項では、「律令」のたてまえのもとでの農地の扱いをみておこう。

農地になっていない原野は、誰のものと考えられたか？

墾田永年私財法にもとづく初期庄園は貴族社会だけの約束事

現在では、農地と農業に適さない原野とが明確に区別されている。そして水田、畑などの農地の多くは、誰かの私有地になっている。しかも原野の中には、私有地のほか、国や地方自治体が管理する公有地も少なくない。

しかし太閤検地（一五九一年頃）という全国規模の土地調査がなされる前は、農地と原野との区別はあいまいであった。太閤検地のあとは、誰かが領有する農地と原野とが、明確に分けられた。そして領主である豊臣家や諸大名の許可なしに、原野を開発できなくなった。

中世の終わりまで、地方の小領主（武士）や農民が原野を開発して新たな農地をつくる行為が、日常的になされていたのである。それは、国司、守護大名といった支配者の知らないところで、つまり管理をうけない形でおこなわれたものであった。

以下の説明は、このことを知ったうえでないと、理解できない。

山野を切りひらいて新たな田畑をつくることを、「開墾《かいこん》」という。古代の日本では開墾によってつくられた田は、「墾田《こんでん》」と呼ばれた。

中世になると新しく開発された田を、「新田《にった》」や「新田《しんでん》」と呼ぶのが一般的になってくる。

朝廷は奈良時代のなかばにあたる天平《てんぴょう》一五年（七四三）に、開墾した田地の利権を永遠に保証する「墾田永年私財法《こんでんえいねんしざいほう》」を発した。あと（37ページ）で詳しく説明するが、この法令は主に有力な貴族や寺社を対象に出されたものであった。

それまですべての土地を国有にする方針をとっていた朝廷が、貴族や寺社が開発した大規模な農地を保護する方向に転換したのだ。そのため中央の貴族、寺社や一部の地方豪族が、この法令をふまえて原野の開発を始めたといわれる。それによって、貴族、寺社などが支配した初期庄園《しょきしょうえん》がつくられた。

日本古代史の研究者の多くは、初期庄園の成立を、荘園制の起点ととらえている。「庄園」の「庄《しょう》」は私有地の建物、「園《えん》」は私有地の土地を表わす言葉である。だから本来なら、有力者の私有地がすべて「庄園」と呼ばれていたはずである。

しかし「律令」などの朝廷の法では、朝廷が公認した皇族、貴族、寺社の私有地だけが「庄園」とされた。奈良時代には主に「庄園」の表記がとられたが、平安時代なかばあたりからそれが「荘園」へと変わった。

「初期庄園」という制度は、貴族社会の中だけの特別な約束事であったらしい。

古代日本では誰でも開墾した土地を私有できた

前に詳しく説明したように、奈良時代の地方豪族の多くが、こう考えていた。

「土地は大地の神（国魂）の持ち物である」

だから誰でも、大地の神に属する原野を開発して、自分の農地とすることができた。原野は、誰の持ち物でもなかった。そのため農地の開発をもくろむ者はまず、クシ（串）やナワ（縄）と呼ばれる神聖な呪具《じゅぐ》で、「私が、この土地を占有する」と伝える表示をおこなった。

一定の土地の境界にクシと呼ばれる棒をたてたり、土地の周囲を縄で囲ったりしたのだ。それは、同じ集落の者に、

「ここは大地の神が認めた、私の神聖な占有地である」

と宣言する行為とされた。

人びとはこのような宣言をおこなうにあたって、丁重《ていちょう》に大地の神を祀った。この習俗は、そのまま現在の神道の地鎮祭《じちんさい》（家などの建物を建設する前に、神職を呼んでおこなう祭祀）に受けつがれている。日本人の多くは土地を治める氏神様《うじがみ》を祀って、その許しを得たうえで、はじめて自分の所有地に建物をたてているのだ。

大地の神の祀りを終えたあとのクシやナワで表示された土地は、他者が安易に侵害できない神聖な地とされた。神社の周囲に巡らされた玉垣《たまがき》は、古代のクシの流れをひくものである。また土地の境界に張るナワは、神聖な区域の境界を示す今日の注連縄《しめなわ》と同じ役割をもつものであった。

「神様から預かった土地で、農耕に励みます」

という約束は、神聖なものであった。米、麦などの食料は人びとの生活に欠かせない。

だから農民は農耕に励む行為を、神様が祝福する美徳だと考えた。

仕事を怠けて、自分の農地を荒れ地にしてしまった者は、神様の怒りをかって土地を没収される。だから同じ集落の住民には、「誰かの占有地であったが現在は原野となったところ」を自由に占有する権利が与えられた。

このような慣行がとられた古代日本の社会の「農地の所有権」は、現在の「登記を済ませた土地に対する所有権」とは異なるものであった。古代の日本では「農地の利用権」に近いものが、「所有権」とされていたのだ。

畿内の豪族だけでおこなった中国風の中央集権化

これまで説明してきたように、古代の日本では長期にわたって、「土地はみんなの持ち物」とする考えがとられてきた。一定の範囲の土地が、村落ていどの集団の共有物とされてきたのだ。

奈良時代前半頃には「大地を神の持ち物とする」発想が、当然のこととされていた。ところが朝廷は、自分たちがつくった「大宝律令」にもとづいて「農地を国有とする」とした。これは、当時の慣行を一切、否定した政策であった。

朝廷の貴族たちは、このように考えたのだ。

「最高神である天照大神《あまてらすおおみかみ》の嫡系《ちやっけい》を嗣《つ》ぐ天皇は、地方の神より高い権威をもっている」

そして表面的には、「律令」にもとづく班田収授法は、あるていどの有効性をもっていたように思える。確かに奈良市の正倉院《しょうそういん》に伝えられた古文書「正倉院文書」などに、班田収授法にもとづいてつくられた「戸籍《こせき》」などが存在する。

このあたりのことを理解するために、奈良時代の朝廷の実態が畿内の古代豪族の連合政権であった点を知る必要がある。ヤマト政権は、畿内の豪族が大王を上にたてて団結する形でつくられた。

そしてヤマト政権の政治は、六世紀はじめの継体《けいたい》天皇のあたりから、有力豪族の族長の合議によって運営されるようになっていた。蘇我《そが》氏、大伴《おおとも》氏、物部《もののべ》氏、阿倍《あべ》氏などの主だった有力豪族の族長一〇人ほどが集まって、重要な政策を決定したのだ。大王は、おおむね有力者の会議の決定事項をそのまま受け入れていた。

そうであっても当時の畿内は、きわめて多くの自立した村落の集合体であった。親族から成る村落を束ねる小豪族はいたが、小豪族が思いのままに村落の住民を支配したのではない。

蘇我氏のような有力豪族は、一つの地域の村落の小豪族のまとめ役にすぎなかった。ヤマト政権は蘇我氏や聖徳太子の主導で、六世紀なかば頃から急速に大陸の先進文化を取り入れた。

仏教が伝わり、大寺院が広まった。また中国の学問や法が学ばれるようになり、大陸風の豪華な建物を集めた、王宮と官庁街から成る難波宮《なにわのみや》などの大王の「都宮《ときゅう》」（首都の機能を兼ね備えた王宮）が出現した。

都宮は、七世紀末の天武天皇の時代の浄御《きよみ》原宮《はらのみや》の時点で、中国風の官庁街をもつ、一国の中心地に発展した。ヤマト政権は、「朝廷」と呼ぶのにふさわしい組織に変わったのだ。そしてこの時代に、大王に代わる天皇の称号や日本の国号が使われるようになった。

「朝廷」という言葉は、「みかど」（御門）という「やまと言葉」に、「政治を執《と》りおこなうところ」をさす「朝廷」という漢語をあてたものだ。かつて大王の住まいを尊《たっと》んで「みかど」と呼んでいた。

しかし王宮の周囲に官庁街が発達したあと、王宮（内裏《だいり》、皇居）とその周辺の官庁街とを合わせたものを「みかど」（朝廷）と呼ぶようになった。

荘園誕生のカギを握る「三世一身法《さんぜいっしんのほう》」「墾田永年私財法《こんでんえいねんしざいほう》」とは？

班田収授を受け入れた畿内の中小豪族

中央集権を志向する動きの中で次のような考えが、朝廷の指導者の間に共有されるようになっていった。

「中国の先進文化を取り入れて、中国にならった官僚制をもつ中央集権を実現することが、わが国の人びとに幸福をもたらす」

このような思い込みによって貴族層は、「大宝律令」を制定し、班田収授法などの「律令」の規定を忠実に実行しようとした。この動きとともに、中国のものをまねた藤原京、ついで平城京という都城《とじょう》が建設された。都城とは、内裏《だいり》（皇居の前身）とそのそばの広大の都市から成る一国の首都である。

この都城に大規模な官僚組織がおかれ、中国にならって戸籍などの大量の文書が作成されるようになった。文書を書くことを職務とする多くの下級官僚が、都に集められたのだ。

この動きの中で中央の有力豪族の主だった者は、五位以上の位階をもつ上流貴族つまり上・中級の官僚となった。そして有力豪族の傍流《ぼうりゅう》の者や、かなりの数の村落の小豪族が、学問や有益な技術を身につけて、中、下級の貴族つまり下級官僚となった。

平城京は、一〇万の人口をもつ都市であった。平城遷都《せんと》（七一〇年）のあたりから、貴族、官僚、商工民から成る新たな都市民が出現したのである。

平城京の朝廷の工房では、中国風の工芸品が量産された。また平城京には、地方から貢納された特産品も集まってきた。朝廷のもつ豊かな商品は、東市《ひがしのいち》、西市《にしのいち》という都の市で販売された。

畿内の平野部の住民なら、一日か二日の旅程で都を訪れて、市の商品を買うことができた。しかも農地経営が嫌な者は都に出て下級官僚になれる。ゆえに畿内の豪族の子孫は、貴族政権の恩恵をうける立場にあった。そのため、かれらだけは「律令」の規定の実現を目指す貴族層の政策に共鳴し、「戸籍」などの文書の作成に協力したとみられる。

しかし、現在残る古代の「戸籍」の中には、男性の割合が多かったり、高齢者の人数が多数を占める不自然なものもある。村落の小領主の中に、適当な人名を書き連ねた自村の戸籍をつくった者もいたのであろう。

奈良時代前半の時点では、都の先進文化の恩恵を得ていたのは、おおむね畿内の住民に限られていた。そのため私は、その時期の中央と地方豪族の関係は、まだ贈与交易に近いものだったと考えている。

ここまで班田収授法に関する私の見解の大筋を示してきたが、それは一つの可能性を記したものにすぎない。「律令」に関する文書のすべては、貴族層の側で記された、かなり疑わしいものばかりである。だから、「律令」に関する信頼できる文献はほとんどないといえる。ゆえに貴族層が、私の思いもよらない方法で全国規模で戸籍をつくり農民に農地を支給した可能性も、十分残っているのだ。

早くも行き詰まった律令制

「大宝律令」を制定したあと、朝廷は藤原不比等《ふひと》らの指導のもとに「律令」にもとづく支配の実現を目指した。

この時代の朝廷の政治は、畿内の十数の有力豪族の族長の流れをひく上流貴族（公卿《くぎょう》）の合議で運営されていた。しかしその合議の主導権は、左大臣、右大臣などの最上位の公卿となった者に握られていた。

藤原不比等のあと、長屋王《ながやおう》、藤原武智麻呂《むちまろ》らの不比等の四人の子供、橘 諸兄《たちばなのもろえ》、藤原仲《なか》

奈良時代の政治史と権力者の変遷

天皇	主要事項	権力者	
元明	平城京遷都(710年)	「律令」重視	実情重視
元正	養老律令の制定(718年) 藤原不比等の死(720年) 三世一身法(723年)	藤原不比等 →	長屋王
聖武	長屋王の変(729年) 光明子《こうみようし》の立后(729年) 藤原四兄弟の病死(737年) 藤原広嗣《ひろつぐ》の乱(740年) 国分寺建立の詔(741年) 大仏建立の詔(743年)	藤原四兄弟 →	橘諸兄
孝謙	大仏開眼供養(752年) 橘奈良麻呂《ならまろ》の乱(757年)	藤原仲麻呂 →	
淳仁			
称徳	恵美押勝《えみのおしかつ》の乱(764年) 道鏡皇位事件(769年)	道鏡	

麻呂《まろ》（武智麻呂の子）が、次々に政権を握った。政権交代のたびに政府の方針の転換がみられたが、藤原仲麻呂政権の時代にあたる八世紀なかば頃までの朝廷は、おおむね熱意をもって、「律令」による統治の実現に努めていた。

しかし平城京への遷都がなされてから間もない時期（七一〇年代）に、貴族政権の政治は早くも行き詰まったと考えてよい。広大な平城京や国家が経営するいくつもの大寺院を維持するために、莫大な経費が必要である。

しかも、朝廷の官僚たちの給与も支給せねばならない。畿内の豪族たちは、朝廷との取り決めにもとづいて、農地の広さや人口に応じた、あるていどの額の租税を布や稲で納めたとみてよい。

しかし地方からは、国司を介した貢納物《こうのうぶつ》ていどの物品しか入ってこなかったのであろう。一部の国司は地方の有力豪族と協力して、中央のすすんだ技術を用いて、あるていどの農地を開発したらしい。そこから国府に、中央の租税に准じた額の布、米などが送られたかもしれない。

しかし「班田収授法」の主旨にもとづいて、地方の新たな農地は、国家の持ち物とされていた。これでは、国司も地方豪族も農地開発に熱意をもてない。次のように考えた地方豪族も、少なくなかっただろう。

「国司の関与なしに、自分の村落の住民が独自に水田をつくれば、新たな水田は自分たちのものになる」

それでも朝廷の指導者は、こう考えた。

「国内の農地をふやすことによって、朝廷の収入を増加させよう」

地方の農地開発に着手した貴族層

朝廷は、養老六年（七二二）に、「百万町《ひゃくまんちょう》歩《ぶ》開墾計画《かいこんけいかく》」を発した。それは、国司や郡司の農地開発を奨励することを中心とした法令であった。

しかし一〇〇万町歩（一・二万平方キロメートル）というのは、あまりに現実とかけ離れた数字である。奈良時代後半の農地開発によってふえた量を合わせた、平安時代はじめの日本全国の農地の面積でさえ、八六万町歩にすぎない。

ゆえにこの「百万町歩開墾計画」に、実効力があったとはとうてい思えない。むしろその法令は、平城京への遷都の一二年後に早くも、朝廷の財政が行き詰まっていたことを物語るものと評価されている。

この不確かな法令が出された翌年（七二三年）に、「三世《さんぜ》一身法《いっしんのほう》」が発せられた。それは、次のようなものだった。

「新しく池や用水路をつくって開墾した田地は、三代（本人・子・孫）にわたって所有を許す。また古い用水路や池を復旧して開発した田地は、本人一代限りの所有を認める」

前年出された法に効果がなかったので、期限付きで農地の私有を認めて開墾をすすめたのだ。

ごく限られた一部の畿内の豪族が、この三世一身法にもとづいて、限られた利益を求めて開墾をおこなったのかもしれない。しかし三世一身法も、ほとんど効果を上げられなかった。

そのため二〇年後の天平一五年（七四三）になって、墾田を私財として、その永年の私有を認める「墾田永年私財法」が出された。しかしその法には、表に示したような身分に応じた私有地の保有量の制限が設けられていた。

一位の位階をもつ者が五〇〇町（約六平方キロメートル）の水田の保有が許されていたのに対し、下級の郡司や初位《そい》（九位にあたる）以下の一般人は、一〇町の農地しか保有できなかったのである。

だから「墾田永年私財法」は上流の貴族だけを優遇する法であったと評価するほかない。

この六年後（七四九年）に、大安寺《だいあんじ》、元興寺《がんごうじ》などの国家保護下の有力寺院も、上流貴族なみの土地保有権を与え

身分ごとに私有できる墾田の条件

身分	開墾限度
一品・一位	500町
二品・二位	400町
三品、四品・三位	300町
四位	200町
五位	100町
六位－八位	50町
初位－無位	10町

郡司に対する特例（上記の規定に、次の量の墾田を加えることができる）	長官、次官（大領、少領）	30町
	判官、主典（主政、主帳）	10町

親王には一品から四品まで、貴族や役人には一位から初位（九位に相当する）の位階が授けられる。位階をもたない者は無位になる。

られた。

この「墾田永年私財法」をきっかけに、各地に、次章で説明するような貴族や大寺社の初期庄園が広がっていくことになった。

2

平安期、「貴族」はなぜ荘園の利権を掌握しえたか

荘園の誕生と拡大

「初期庄園」はどのようにして発生したのか？

地方に出現した貴族、寺社の領地

「墾田永年私財法《こんでんえいねんしざいほう》」には、墾田を私有する者はさまざまな租税の中の租だけを納めることが定められていた。しかし前の表（23ページ）に記したように、租の額は田一反（＝段／一・二石ほどの米がとれる）あたり二束二把《にそくにわ》（現在の四升四合ほど）にすぎなかった。二束二把とは、一反の田の収穫量の約三パーセントにあたる。

畿内の小豪族は、自分が治めた村落の領地の広さに応じた、あるていどの「律令」の租《そ》庸調《ようちょう》の額を基準とした租税を納めていた。ところが「墾田永年私財法」が出されたため、新たにひらいた農地からは、それまでの租税ではなく、それよりはるかに少額の租だけをさし出せばよくなった。

このような事情によって、中央の小豪族の多くが、自分の本拠地で小規模な開墾を始めたとみられる。

しかしそれよりも喜んだのが、平城京に住む上流貴族である。かれらは畿内の自分の本拠地の管理を同族に委ねて、都で官僚として生活していた。

このような上流貴族は、都の生活の中でしだいに農村の指導者を務めていたかつての自分の立場を忘れていった。特権階級としての贅沢《ぜいたく》な都会生活を、当然のものと思い始めたのだ。そのような立場の貴族が「墾田永年私財法」が発せられたあと、次のようなことをもくろんだ。

「中央のすすんだ技術を用いて地方の原野を開発すれば、そこの収穫の中のかなりの部分を手に入れることができる」

畿内の土地は、貴族たちの支配地に分割されていた。同じ朝廷の構成員である上流貴族が、下級の位階しかもたない中・下級貴族の領域に勝手に手を出すことはできない。

そのためかれらは、畿内の外（畿外《きがい》）の、平城京から比較的近い地域で大規模な農地を開発した。そして新たな開墾地を自分の初期庄園としたのだ。

「墾田永年私財法」が発せられた六年後にあたる天平勝宝《てんぴょうしょうほう》元年（七四九）には、「寺院墾《じいんこん》田地許可令《でんちきょかれい》」が出された。

それは有力寺院に、上流貴族と同じ開墾による利権を保証するものであった。そのため、その法を根拠にした寺院の初期庄園の経営も始められた。

橘奈良麻呂《たちばなのならまろ》が、越中《えっちゅう》国礪波《となみ》郡（富山県砺波《となみ》市のあたり）に一〇〇町《ちょう》（約一・二平方キロメートル）を超える墾田をもっていたという記録がある。奈良麻呂は、左大臣を務めた橘諸《もろ》兄《え》の子にあたる。

また藤原仲麻呂《なかまろ》（恵美押勝《えみのおしかつ》）が、越中《えっちゅう》国（富山県）に二〇〇町の墾田地を保有していたともある。

橘奈良麻呂が失脚した（七五七年）あと、かれの領地は東大寺領の石粟庄《いさわしょう》（高岡市《たかおか》）になった。仲麻呂が反乱を起こして敗れた（七六四年）あとのかれの庄園は、西隆寺領《さいりゅうじりょう》とされた。西隆寺は西大寺《さいだいじ》と共に建てられた尼寺であったが、平安時代に衰退した。

ほかの上流貴族も、奈良麻呂や仲麻呂のように大規模な初期庄園を経営していたのであろう。しかし貴族の庄園の詳細を伝える文献は、ほとんど残っていない。これに対して東大寺などの大寺院では、現在まで奈良時代の庄園経営に関する古文書が伝えられてきた。そのため、それらを用いた日本古代史の初期庄園の研究成果が多く出された。

庄園経営の成否を分けた地方の郡司

初期庄園には、あとで説明するような領域型の荘園のような境界はみられなかった。そこは墾田と開墾予定地の中心に、荘所《しょうじょ》（庄所）という機関を設けただけのものであった。荘所はおおむね管理事務を扱う建物と、多くの倉庫から成っていた。つまり荘所が前（26ページ）に記した「荘」（庄）にあたり、その周囲の農地が「園」に相当する。

荘所には農民に貸与する農具や種籾《たねもみ》が収められていた。この時期には庄園の農地に居住する農民はおらず、周辺の農民が庄園の墾田を耕作した。

かれらはおおむね収穫の二〇～三〇パーセントの米を庄園領主に納め、残りを自分の取り分としていた。租を納めたあとの領主の収益は、収穫の一七～二七パーセントになる。

当時の慣行にしたがって解説すれば、次のようになる。

「中央の貴族や寺社は、郡司を務める地方の有力豪族（盆地世界の指導者）の領域の原野を借りて、そこを開発していた」

それゆえ郡司層の協力が、庄園の経営に欠かせなかった。

郡司とその下の村落の小豪族の助力なしに、原野を占有することはできない。しかも交通の不便な古代に、庄園の領主が中央から多くの働き手を連れてくることはできなかった。

だからかれらは郡司などを介して、庄園で働く農民を集めた。

東大寺は越前《えちぜん》国坂井《さかい》郡（福井県坂井市のあたり）に鯖田《さばた》国富荘《くにとみしょう》を設けたときに、坂井郡司の品治部広耳《ほむちべのひろみみ》の協力を得た。この広耳が郡内の農民を庄園の働き手として確保したおかげで、鯖田国富荘の経営は順調にすすんだ。

越前国足羽《あすわ》郡（福井市のあたり）の郡司の家の出で、中央に出て、造東大寺司《ぞうとうだいじし》という東大寺を管理する役所の下級官僚を務める生江東人《いくえのあずまんど》という者がいた。東大寺は、この生江東人らを越前国坂井郡に派遣して、東大寺領の桑原荘《くわばらのしょう》の設置にあたらせた。

東人らはこのあと、四二町の水田を開発した。しかし坂井郡の隣の足羽郡の豪族である東人の手では、坂井郡から十分な人手を集められなかった。そのため桑原荘の経営は難航し、桑原荘は天平宝字《てんぴょうほうじ》二年（七五八）頃に姿を消した。

初期庄園の設置によって、新しい収入源を得た農民たちはしだいに富裕になっていった。また農民に直接声をかけて人手を集める立場にあった村落の小領主の立場も向上した。小領主も農民も庄園を介して、中央のすすんだ技術や文化を得ることができたためである。

初期庄園は朝廷や上流貴族、寺社などの勢力圏を地方に拡大するものであった。そしてその動きは、八世紀後半から九世紀にかけての地方の社会の大きな変動をもたらすきっかけとなった。

初期庄園で成長し、「富豪層」となった人たちとは？

鉄製農具の普及による農民の成長

奈良時代の朝廷の工房では、優れた鉄製の農具が量産されていた。古墳時代に相当する五、六世紀には、主に木製の農具の先端部分にU字形をした細い鍬先《くわさき》や鋤先《すきさき》をつけたものが用いられてきた。

ところが畿内で、中央集権化がすすむ七世紀末あたりに、中国の先進技術を取り入れた鍬や鋤が製造されるようになった。それは現在みられるような、鉄製の金具の本体に木製の柄だけをつけたものである。

この新たな農具が、奈良時代後半にあたる八世紀後半あたりから地方に広まり始めた。地方の鉄製農具が、国府の工房から郡の市に送られることもあった。しかし、それよりはるかに多くの鉄製農具が、中央の貴族や寺社が経営する初期庄園にもたらされた。

前に記したような貴族や寺社の荘所から、庄園で働く農民たちに、質のよい農具が貸し与えられたのだ。地方には、前からあるていどの数の、鍛冶《かじ》と呼ばれる鉄工の技術をもった者がいた。

そのために地方の鍛冶たちが庄園の農具をみて、中央の技術を学んだ。これによって鍛冶が居住した村落や周囲の村落に、上質の農具が広まっていった。

考古資料によって、地方の住居跡から出土する鉄製品の量が、九世紀はじめに急速に増加することが明らかにされている。八世紀後半に始まった地方の農具の技術革新が、平安時代はじめに本格化したのだ。

この動きの中で、村落のそばの原野を開発して前より豊かになったり、庄園で働いて農作物をため込んだりした農民がみられた。日本古代史の研究者の多くは、平安時代はじめに成長したこのような一部の有力農民を「富豪層《ふごうそう》」と呼んでいる。

この富豪層の多くが、一〇世紀に最下級の武士に成長したと考えられる。そのあたりの社会の変動については、少しあと（66ページ）で詳しく説明しよう。

富豪層が、朝廷の法令や国司関連の文書で、「力田《りきでん》之輩《のやから》（農業に励む者）」や「田堵《たと》（田地を囲い込んだ者）」と書かれることもある。

しかし「富豪層」は、現在の私たちが考えるような地主ではない。「大地を国魂《くにたま》の持ち物」とする信仰が、平安時代なかばまでは生きていたからだ。それゆえ富豪層は鉄製農具、

条里制の地割

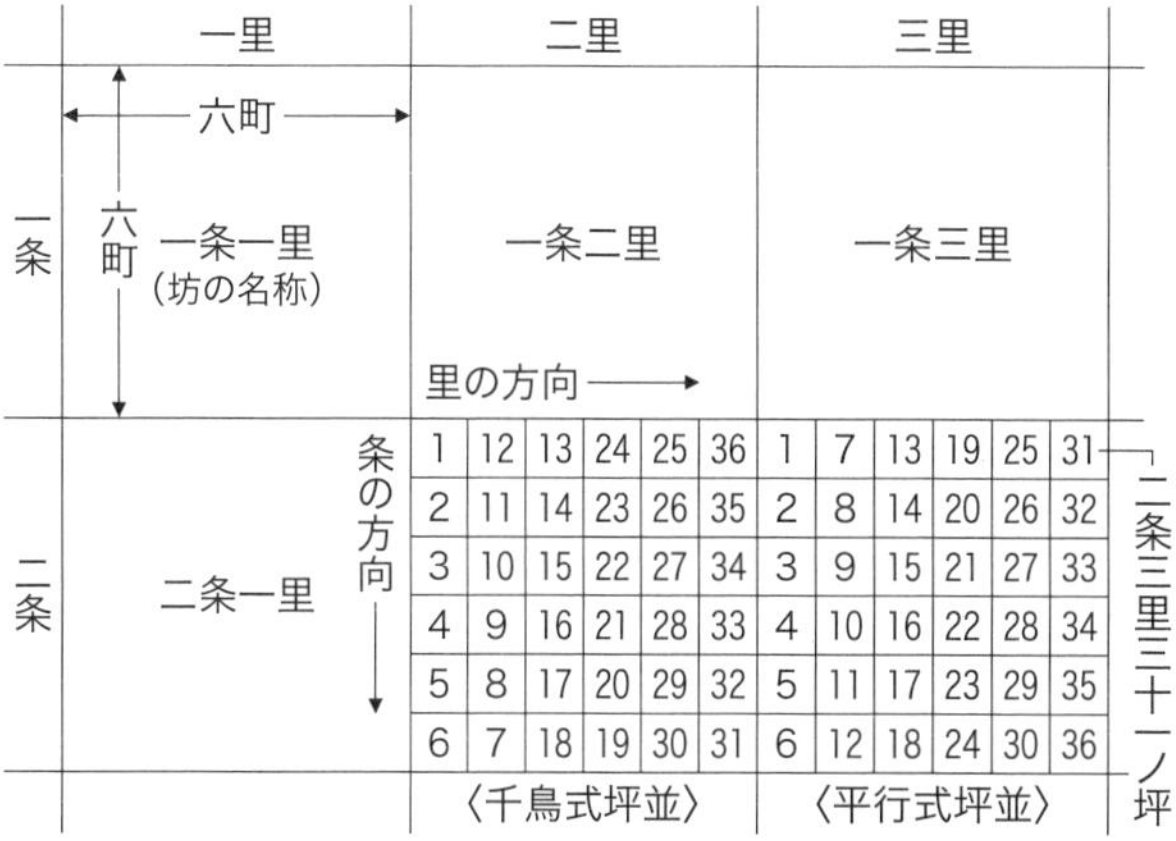

米、麻布などといった動産を多く所有した。そしてそれを貸し与えることなどを通じて、周囲の中小規模の農民を影響下に組み込んでいたのだ。

有力農民の成長と条里地割の広まり

近年まで日本の各地に、縦横《たてよこ》に設けられた直線道路で区画された農地が残っていた（上の図参照）。このような地割（農地の区分）を、「条里《じょうり》地割《ちわり》」という。

条里地割は、まず基準点を定め、そこから縦方向と横方向に直線の道路をつけていったものである。こうすると、一辺約一〇九メートル（一町）の正方形の地割ができる。

この条里地割一つの農地の区画が、「坊《ぼう》」と呼ばれる一町の広さの農地になる。一町の農地から一二石ていどの米がとれる。そして個々の坊の名称が、条里地割の横の区画の列を、一条、二条など、縦の区画の列を、一里、二里などとする形で決められる。

つまり基準点を含む坊が一条一里、その右隣が一条二里、下側が二条一里となる。この個々の坊に、「吉野ケ里《よしのがり》」といった通称がつけられることもある。

さらに一つの坊は、縦横五本ずつの細い道によって三六の区画に分けられる。そして小さな区画は、一の坪《つぼ》、二の坪などと呼ばれる。個々の坪にも通称がつけられることもある。この「坪」は、現代の不動産取引に使われる三・三平方メートルの「坪」とは異なる。

古代の坪は、一〇歩《ぶ》（約三三〇平方メートル、約三斗三升の米がとれる）の広さになる。

この条里地割が完成したことによって、特定の農地の位置が、「某国某郡某条某里某坪」と表記できるようになった。

かつて、この条里地割を全国規模でつくる制度を「条里制《じようりせい》」と呼んでいた。そして「大宝律令」にもとづく班田収授法が施行されたときに、条里制がつくられたともいわれた。

そのため、前には次のような説もみられた。

「朝廷は『大宝律令』の施行後に、全国で大規模な農地開発をおこなった。そして条里地割をもつ新たにつくった水田を、班田収授法が定める面積にしたがって農民たちに分け与えた」

しかし条里地割の調査から、条里地割の出現が八世紀なかばあたりである点が明らかになった（金田《きんだ》章裕《あきひろ》『古代景観史の探究』、吉川弘文館刊）。国司の管理下の土地で条里地割がみられるようになった時期は、個々の国ごとに遅速がある。

早いものとしては、山城（山背）国（京都府南東部）、尾張国（愛知県の西半分）、上野国《こうずけ》（群馬県）などの天平一四年（七四二）の例がみられる。しかし讃岐《さぬき》国（香川県）、阿波《あわ》国（徳島県）などでは、天平宝字元年（七五七）になってはじめて条里地割がつくられた。

つまり条里地割の出現は、「大宝律令」の制定（七〇一年）の四〇〜五〇年後になる。さらに大寺院などの初期庄園が、奈良時代の条里地割の中のかなりの部分を占める点も、明らかにされた。

条里地割の個々の坪（47ページの図参照）を単位に、寺領の庄園を農民に貸し与えれば、領主の土地管理が容易になったのであろう。このような条里地割の広まりの中で、数個の坪の耕作権を得た富豪層が、勢力を拡大していったと考えられる。

平安時代末にあたる、一二世紀に院政が始まった。この院政のもとで、広域に広がる領域型荘園が多く開発された。この新たな荘園の農地は、条里地割にもとづいて区分されていた。

院政期にできた新たな条里地割を、「荘園の条里プラン」と呼ぶこともある。現在みられる条里地割の多くは、この「荘園の条里プラン」の流れをひくものであるとみられている。この院政期の荘園開発の詳細はあとで説明しよう（91ページ）。

平安時代はじめ、小領主が農地を寄進するようになった事情とは？

摂関政治への流れ

藤原仲麻呂が反乱を起こして敗死したあと（七六四年）の朝廷で、僧侶の道鏡《どうきょう》が権力の座についた。仲麻呂は「律令」にもとづく統治を重視していたが、道鏡は地方政治に熱心でなく、仏教興隆策だけを重んじた。そのためにこの時期に、有力寺院の庄園が急速に拡大した。

道鏡はこのあと、後援者である称徳《しょうとく》天皇が亡くなったことによって失脚した（七七〇年）。そして道鏡政権のあと、光仁《こうにん》天皇のもとで政治の刷新がはかられた。しかしそれは、思うようにすすまなかった。

そのため次にたった桓武《かんむ》天皇は、大寺院の政治介入を排するために、奈良を離れた。山城の長岡京《ながおかきょう》に移ったのだ（七八四年）。さらにかれは、平安京《へいあんきょう》に遷都した（七九四年）。

畿内の有力豪族の流れをひく貴族の中で、この頃までに政争で衰退した者も少なくなかった。そのため天皇は、中国の知識に通じた有能な文人を登用して政治改革をすすめた。「律令」にもとづく地方政治は、その多くを地方の郡司の権威に拠《よ》っていた。しかし富豪層の台頭の中で、多くの郡司の指導力が低下していた。そのため朝廷の指導者は、郡司に頼らず国司の働きによって地方を安定させようとした。

こうして有能な人材が、各地の国司に任命されるようになった。かれらは任地で農地開発に力を入れたり、中国風の文化を広めた。このような政治方針を「良吏《りょうり》政治」という。

しかし、桓武天皇の子で、優れた政治家であった嵯峨《さが》天皇が亡くなった（八四二年、崩御前は上皇）ことをきっかけに、朝廷における天皇の指導力が低下していった。

この機会をとらえて、藤原氏の嫡流《ちゃくりゅう》（のちの摂関家《せっかんけ》）が権力を握った。嵯峨上皇存命の頃までの朝廷の政治は安定していた。その時代には、中国のものを和風化した貴族文化が芽生え始めていた。

しかしそのあとに藤原良房《よしふさ》と基経《もとつね》が権力を握った。かれらが自家の娘を天皇の后にして藤原氏の娘が産んだ皇子を天皇にたてたためだ。良房と基経は天皇の政務を代行する摂政《せっしょう》（八五八年、良房が摂政になる）や関白《かんぱく》（八八四年、基経が関白になる）を務め、幼帝《ようてい》に代わって国政を握った。そして他氏の有力者を排斥《はいせき》して、藤原氏の一部と皇室から分かれた公家《くげ》源氏《げんじ》で、朝廷の高い地位を独占する形をつくりあげた。

貴族社会で、出自にもとづく家格が定められ、閉鎖的な貴族社会がつくられた。それとともに五位の位階の価値が低下し、奈良時代に上流貴族であった家の多くが、中流貴族に格下げされた。上流貴族は優雅な文化に高い関心をもったが、地方政治に熱意をもたなかった。

そのためかれらは、適当な中流貴族を国司に任命した。そして国司の政務にほとんど干渉せずに、かれらに中央に一定の租税を送ることだけを求めた。そのため国司は、このあと「租税の領収書を受け取ること」を意味する「受領《ずりょう》」と呼ばれるようになっていった。

武士の前身となる村落の小領主が広まる

九世紀には、中央の貴族社会で重大な変化が起きていた。摂関家主導の政治への道がひらかれていたのだ。

同じ時期の地方でも、これに似た社会変動がみられた。古代の有力な地方豪族の流れをひく、郡司を務めた家柄の豪族の多くが後退したのだ。そして郡司の下の小領主であった者に代わって、富豪層（46ページ）の流れをひく新たな村落の小領主がならび立つようになった。

そして一〇世紀後半から、桓武平氏、清和《せいわ》源氏などの、朝廷の軍事貴族となった有力な武士が、郡司に代わって村落の小領主を束《たば》ねるようになっていった。

しかしこのような見通しで、すべてが理解できるわけではない。ここに記した動きに反する例外も少なくないのだ。

郡司の家の流れをひく周防《すおう》（山口県東部）の大内氏のような有力な武士もいた。また古代の村落の小領主で、社会の変動を乗り切って武士化した者も少なくない。

九世紀の地方に大きな変動があったことは確かだが、その詳細を伝える確実な文献は、ほとんど残されていない。そこでそのあたりのことを私なりに推測しておこう。

奈良時代はじめ頃まで、平城京という都市以外のすべての地域の者は、血縁者から成る一〇〇人から二〇〇人の集団単位で村落をつくって生活していた。村落の土地はみんなの持ち物であり、村落の人びとは互いに助け合って生活していた。

しかし八世紀後半に、中央の先進技術を得て農地を開墾した者や、初期庄園を耕作して富裕になった者が出た。そういった富豪層と呼ばれる人びとは、自分とその家族を「特別に優れた人間」と考えるようになったのではあるまいか。

富豪層の家長は、自分の才覚で得た財産を、共同生活をとる村落の持ち物とは別物だと考えた。そしてそれを、「家《いえ》」の所属物だとした。「家」とは自分と家族および自分にしたがう人びとから成る旧来の村落から自立した新たな集団である。

このようにして、九世紀前半頃に家長が「家」の財産を管理する、新たな「家」の組織がつくられた。そのような「家」は、はじめは旧来の村落の組織とつながりをもっていたのであろう。

しかし「家」をつくる有力者が、一つの村落の中から次々に現われてきたことによって、村落の組織は崩壊した。それとともに、土地の神を祀《まつ》る村落の長老のような指導者が姿を消したのであろう。

「家」を組織できなかった者は、いずれかの家長にしたがって、その「家」に加えてもらうほかない。このようにして、戦前まで受けつがれた「家」から成る日本独自の社会がつくられた。

発生期の日本的「家」の例

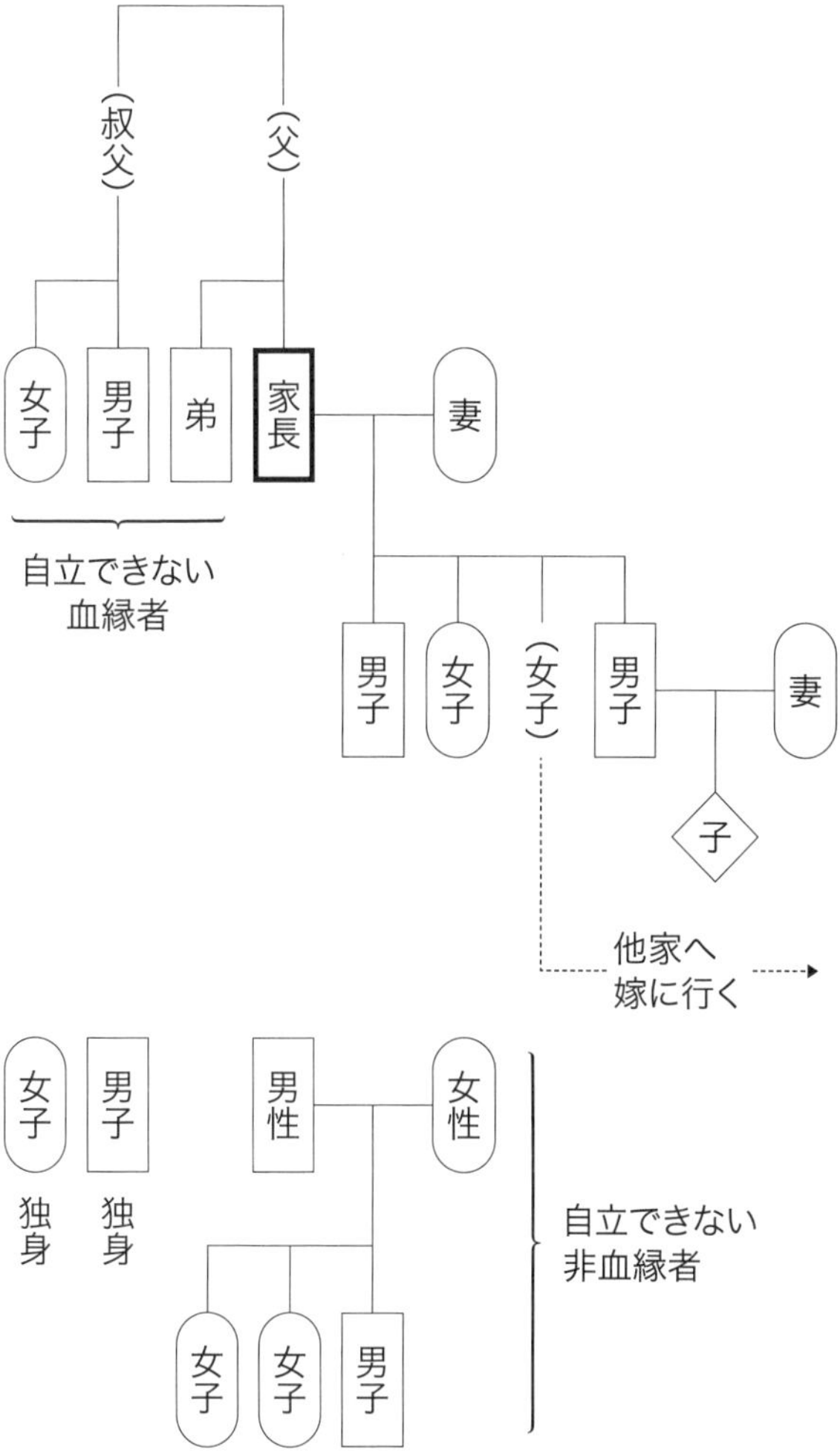
（叔父）
（父）
女子
男子
弟
家長
妻
自立できない
血縁者
男子
女子
（女子）
男子
妻
子
他家へ
嫁に行く
女子
男子
男性
女性
独身
独身
自立できない
非血縁者
女子
女子
男子

しかし個々の「家」には、独立して農業経営をおこなうだけの経済力はない。そのため特別に有力な家長が周囲の家長をしたがえる形で、一つの村落を単位とした農業がなされるようになった。

このようにして誕生した新たな村落の小領主が、のちに最下層の武士となった。そしてかれの下の主な家長が、「名主《みようしゆ》」と呼ばれる階層（武装した農民）になっていった。

村落の再編成と寄進地系荘園の成立

過去の気候変動の研究成果から、重大な事実が浮かび上がってくる。九世紀後半に日本が急速に湿潤化《しつじゆんか》（多雨になること）し、洪水と旱魃《かんばつ》（雨が降らないこと）が交互に起こったというのだ。

そのため平安時代前期の終わり頃（九世紀後半）の不安定な気候によって、飢饉《ききん》が何度も起こった。飢饉に備えるためには、日頃から作物の収穫量をふやすように努めねばならない。万一のときのために米を備蓄しておく必要があるからだ。

村落の小領主や「家」を単位に生活するようになった農民たちは、農地開発のために良質な鉄製の農具を望んだ。それとともに、かれらは効率よく農業用水を得るために、中国の陰陽五行説《いんようごぎょうせつ》（風水《ふうすい》）をふまえた先進技術を求めた。

地方の農民にとって必要な技術や文化はすべて、中央とのつながりを通して得られる。しかし良吏《りょうり》政治の終わった九世紀後半になると、国司を介した形では満足のいく先進文化を得られなくなっていった。そのため有能な村落の小領主が、皇室や有力な貴族・寺社と交流する、なんらかのつてを求めるようになっていった。

次にあげる公営田《くえいでん》などは、そういった動きに対応した政策の早いものと評価できる。

嵯峨天皇の時代にあたる弘仁《こうにん》一四年（八二三）に、朝廷が九州に、公営田《くえいでん》という一万二〇九五町（約一四五平方キロメートル）の広大な水田を設定した。そこの経営によって得られた収入を、朝廷のさまざまな役所に分配して、そこの経費にあてさせたのだ。この前後に、勅旨田《ちょくしでん》という皇室領も多くつくられた。

ついで嵯峨天皇の玄孫《げんそん》（孫の孫）、陽成《ようぜい》天皇の時代にあたる元慶《がんぎょう》三年（八七九）に、畿内の水田四〇〇〇町（約四・八平方キロメートル）が元慶官田《がんぎょうかんでん》とされた。そこの租税を、主な役人の給料にあてるためである。

公営田や元慶官田に指定されたところの小豪族は、朝廷の直轄領の農地の耕作を通じて、中央の先進技術、先進文化を得た。

免田型荘園の出現

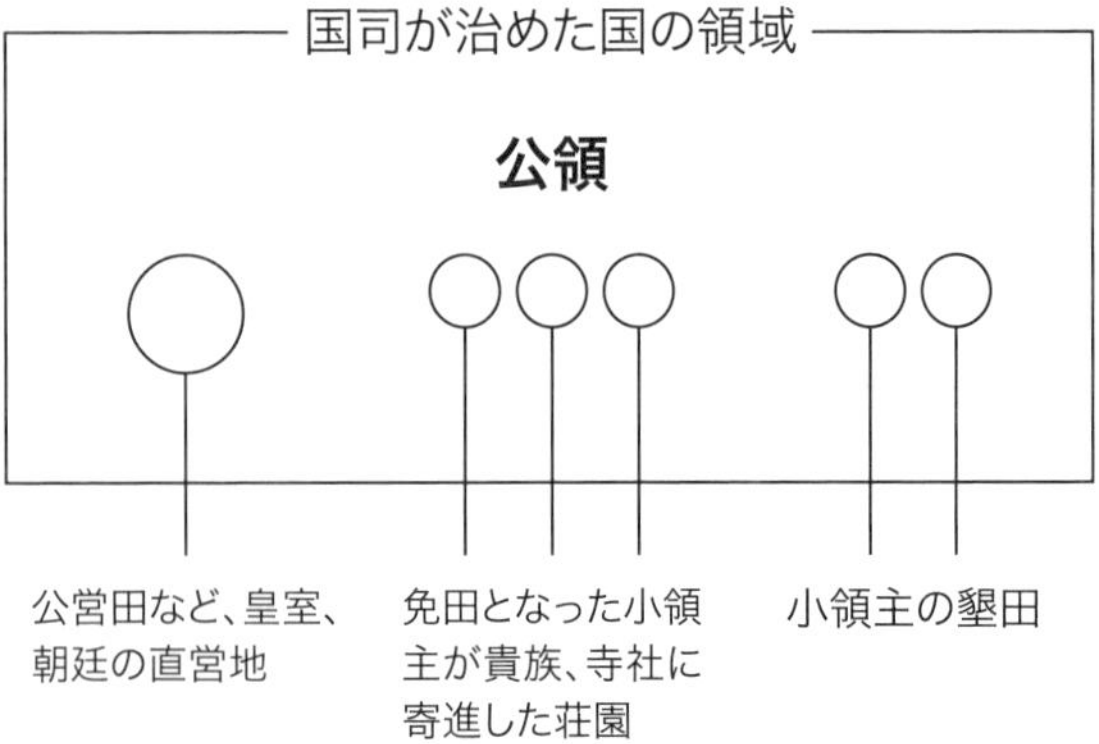

11世紀なかばまでは、公領の中におかれた私領は小規模で、その総量もそう多くなかった。

同じ時期に、六衛府《ろくえふ》（天皇の警備を担当する役所）の下級の武官などの朝廷の下役人になって、中央とつながる小領主も出てきた。また皇族や有力な貴族、寺社で、国司、郡司を介さずに、荘園の経営で地方の小領主から利権を得ようとする者もいた。

かれらは中央の技術、文化の恩恵を与える代わりに、村落の小領主から貢納物を得ようと考えたのである。貴族などとつながりをもった小領主は国司にしたがう必要がなくなり、国府への貢納物をほとんど出さなくなった。

形式のうえでは、このようにして寄進地系《きしんちけい》（免田型《めんでんがた》）荘園が出現し、各地に広がっていった。貴族や寺社の側は小豪族の領地を荘園として扱い、このように称したからである。

「あの村落は、現地の小豪族から寄進されたものだ」

有力な貴族や寺社は、こういって国司に圧力をかけて、自領の荘園からの徴税を禁じた。租税を免除された農地を「免田《めんでん》」というが、日本中世史の研究者の中に「寄進地系荘園」を「免田型荘園」と呼ぶ者も多い。

貴族、寺社などの荘園領主は、当時の法令には「院宮王臣家《いんぐうおうしんけ》」と書かれている。国司たちはしばしば、任地の農民が「院宮王臣家」と直接つながることを禁ずるように、朝廷に求めた。この要望に応じる形で、何度も「荘園整理令」が出された。

免田《めんでん》型荘園の増加で、地方の荘園の担い手に起きた変化とは?

たてまえを記しただけの最初の荘園整理令

権勢をふるった藤原基経が没した(八九一年)あと、宇多《うだ》天皇は、藤原氏が権勢を確立する以前の良吏政治を志向した。かれは菅原道真、藤原保則《やすのり》らの国司の経歴をもつ能吏を登用し、まず地方の実情を正確に把握しようと努めた。

しかし地方の主だった小領主は、すでに荘園を介した中央の貴族や寺社との独自のつながりをもっていた。だから一律の法にしたがって国司が任地を治めることは、すでに不可能になっていた。

地方政治の有効な政策がとれないうちに、右大臣菅原道真は、左大臣藤原時平《ときひら》（基経の長男）の陰謀によって九州の権限のない地方官に左遷された（九〇一年）。このあと政治の主導権を握った時平は、朝廷で「『律令』にもとづいた支配を再現する」と唱えた。

そのためかれは菅原道真を除いた翌年にあたる延喜《えんぎ》二年（九〇二）に、「荘園整理令」を発した。これは国司たちの要望に応じたものである。このときの法令は、「延喜《えんぎ》の荘園整理令」と呼ばれる。

この法令には、班田収授法の励行《れいこう》、貴族、寺社の荘園開発の禁止、貴族、寺社の家来と称する小領主からの租税の徴収などが盛り込まれた。

しかしこの時点で、「律令」にもとづく土地支配が実行できたとは思えない。戸籍のための人口や土地の調査は、国司の手に委《ゆだ》ねられていた。ところが、国司の治めた地域には、すでに、国司の手の及ばない荘園が多く置かれていた。

延喜二年の戸籍の断片が、一点残っている。しかしその中には、女性の人数が異様に多い、実態とかけ離れた家を記すものもあった。つまり、藤原時平を恐れた一部の国司は、架空の内容を記した形だけの戸籍をつくったのだ。そしてそれにもとづいて、班田収授をおこなったと報告した。

藤原時平がおこなった班田収授が、記録上は最後の班田収授になった。しかし時平の行為は、国司から適当なつじつま合わせの文書を集めただけに終わった。

藤原時平が没したあと（九〇九年）、かれの弟の忠平《ただひら》が政権を握った。この忠平の時代に、朝廷における摂関家の指導力が確立した。摂関期の始まりである。天皇の政務を代行する摂政、関白の職はこのあと常置され、藤原忠平の子孫が次々にその地位に就いた。摂関家のもとで、仮名文学、大和絵などの王朝貴族文化が発展し、朝廷では先例にしたがった儀式が繰り返されるようになった。

国司の役割も、藤原忠平政権のあたりから大きく変わった。

地方の古代豪族の後退

一〇世紀の都では、閉鎖的な貴族社会がつくられていた。それと同じ頃の地方の社会では、大きな変動が起こった。それは地方豪族の流れをひく有力者がならび立っていたそれまでの地方の社会からは、想像も及ばない変化であった。私は地方の社会の転換は、次に示す二つの要因によって生じたものだと考えている。

その一つは、郡司の家柄の流れをひく地方の有力豪族の権威喪失である。そしてもう一つは、中央から地方に移住する中流貴族の出現である。

まず地方豪族や、村落の小領主としての地方の武士の動きからみていこう。

私は、近年の集落跡の調査で明らかになった次の事実に注目している。それは、古墳時代つまりヤマト政権の時代から続いた集落のいくつかが、九世紀後半か一〇世紀はじめに消滅したという不思議な出来事である。

千葉県君津《きみつ》市の常代《とこしろ》遺跡では、五世紀なかば、つまり倭《わ》の五王《ごおう》が中国に遣使した頃に集落がつくられた。そして六世紀に、そこに大きな用水路が掘られた。そのため、その集落は中央で蘇我《そが》氏が勢力を拡大したあたりで大きく成長したありさまがわかる。

ところが用水路は九世紀後半に使われなくなり、集落は一〇世紀に姿を消す。

常代遺跡の住居と農地は古墳の最盛期である五世紀に、地方豪族の主導で開発されたのであろう。そしてその集落は蘇我氏が東国に勢力拡大する中でヤマト政権のすすんだ技術を取り入れて発展した。

しかし常代遺跡の集落は、地方に社会変動がすすむ九世紀後半に衰退した。そこの住民はたぶん、古代豪族の流れをひく指導者を見限り、新興の富豪層の流れをひく豪族がひらいた村落に移ったのだろう。

東京都八王子市の中田《なかた》遺跡は、古墳時代から続く集落であった。ところがその集落は一〇世紀に入ったあと消滅した。ここでも、古墳時代の豪族が起こした村落が滅んでいるのだ。

長野県千曲《ちくま》市の屋代《やしろ》遺跡群では、古墳時代のはじめにあたる三世紀から複数の集落がつくられていた。ところが生仁《いくひと》遺跡、大宮《おおみや》遺跡などの古墳時代から続く集落の多くが、一〇世紀に姿を消した。

それとともに一〇世紀に屋代遺跡群の、住民のいなかったところに大穴《おおあな》遺跡をはじめとする新たな集落がつくられた。そしてそれらの集落の多くは、一一世紀頃まで続いた。

このあたりの住民が、九世紀に古代豪族が営んだ集落から、新興の富豪層がつくった集落に大挙して移動したのであろう。

長野県松本市の田川《たがわ》流域では、古墳時代から川の近くに複数の集落が営まれていた。ところがそれらの集落の多くは、九世紀後半に消滅した。そのあと川から一段高い丘陵《きゅうりょう》部に、新たな集落が営まれるようになった。

古墳時代の豪族は、開発が容易な低地に集落をつくった。しかし九世紀末から、高度な農業技術を得た新たな村落の小領主が、水害を受けにくい微高地を開発した。そのため低地の住民は、居住に適した新たな村落の構成員に組み込まれたのであろう。

郡司層は、一つの盆地社会の守り神である国魂《くにたま》の神の祭祀《さいし》によって権威づけられてきた。しかし一〇世紀に入ると、村落の小領主たちが無条件で郡司層にしたがわなくなったのであろう。

地方に移住する中流豪族

前に記したように、藤原良房が朝廷で政権の座についたあたり（九世紀後半）から、良房らの藤原家の嫡流の主導で、閉鎖的な上流貴族の集団がつくられていった。それとともにこの時代から、公卿《くぎょう》（左大臣、右大臣、大納言《だいなごん》、中納言《ちゅうなごん》、参議《さんぎ》）に昇進し得る家柄の貴族を上流貴族とする発想が一般化した。

公卿の会議が、九世紀後半あたりに政策の大筋を決定するようになったためだ。この時代に、奈良時代に下級の役所で決められていた細かいことまで、「申文《もうしぶみ》」の形をとって公卿（太政官《だいじょうかん》）の許可を得る形に改められた。だから中流貴族は、公卿のもとで実務を担当する中央の役人や地方の国司の役にしかつけなくなった。

しかも実務担当者や国司を務めるためには、日常の政務をこなして実績をつくっておかねばならない。そのうえで、公卿を説得する猟官《りょうかん》のための整った文書を提出しなければならない。このような動きの中で一〇世紀に入ったあたりから、貴族社会から排除された中流貴族が、次々に地方に移住するようになった。

かれらは働き場を失った、「都落ちの貴族」とでも呼ぶべき人びとであった。そのような人びとは上流貴族の蔑視《べっし》の対象となった。桓武平氏《かんむへいし》のような、のちに軍事貴族として成長した者まで、上流貴族からは「卑《いや》しいもののふ（武士）」などといわれた。

しかし地方に下った中流貴族の中には、上手に京都と地方との間の交易を営み、富を築いた者もいた。またかれらの中には、中央の進んだ農業技術を用いて農地を開発して小領主となる者もみられた。

中央から下った新興の小領主の多くは、朝廷とのつながりを保つために自領を有力な貴族、寺社などの荘園にした。しかし一一世紀なかばあたりまでは、まだ地方の農地の大部分が、国司が治める公領（国衙領《こくがりょう》）とされていた。

平安時代の武士は、国司とどのような関係にあったのか?

貴族社会の厄介事を一手に背負わされた受領

九世紀前半に地方の富豪層が村落の小領主に成長した。このことによって、かつて「郡」とされていた盆地世界に、小領主が治める自立した村落がならび立つ形になったのだ。郡司を務めていた有力豪族のもっていた、小豪族の地位を保証する権限は失われてしまっていた。そのため小領主たちは、全力をかたむけて所領と呼ばれる自分の村落を維持しなければならなかった。

村落の小領主は、一〇世紀頃から所領を守るために武装し始めた。それとともにかれらは、中央から進んだ技術、文化を学び、農業を振興しようとした。そのためには、なんらかの形で中央と交流をもち、農民たちが求める商品を入手しなければならなかった。

こうした背景で、武士が誕生した。そして、つてをたどって中央の貴族、寺社と直接結びつこうとする武士も出てきた。かれらは、このあと自領を荘園にした。それとは別に先進文化を求めて国府と直接結びつく者もいた。

平安時代の朝廷の武官

官職の区分	左近衛府《さこのえふ》 右近衛府《うこのえふ》	左衛門府《さえもんふ》 右衛門府《うえもんふ》	左兵衛府《さひょうえふ》 右兵衛府《うひょうえふ》
長官《かみ》	大将《たいしょう》	督《かみ》	督《かみ》
次官《すけ》	中将《ちゅうじょう》・少将《しょうしょう》	佐《すけ》	佐《すけ》
判官《じょう》	将監《しょうげん》	大尉《だいじょう》・少尉《しょうじょう》	大尉《だいじょう》・少尉《しょうじょう》
主典《さかん》	将曹《しょうそう》	大志《だいさかん》・少志《しょうさかん》	大志《だいさかん》・少志《しょうさかん》

一〇世紀、中央から移住した中流貴族の流れをひく武士が、そのような地方の武士の社会に加わった。かつては郡司の指導のもとに祭祀を介してまとまっていた地方の盆地世界が、このような複雑な情勢になってしまったのだ。

そうなると、朝廷が個々の村落の小領主である武士の事情をつかむのが不可能になる。

一〇世紀の公卿（上流貴族）は、地方官である国司の経験をもっていなかった。この時代から「官途《かんと》」などと呼ばれる、上流貴族の一定の出世コースが定まってきたからだ。それは、兵《ひょう》衛佐《えのすけ》、近衛少将《このえのしょうしょう》、近衛中将《ちゅうじょう》という中級の武官を経て公卿になるものであった。

そのため上流貴族とその家族は、摂関期《せっかんき》（一一世紀頃）と呼ばれるあたりから、地方へいかなくなった。それでも京都の貴族は、大和の春日《かすが》大社、長谷寺《はせでら》などへの物見遊山《ものみゆさん》の旅を楽しんでいた。京都とその周辺の観光地を含めた範囲だけが、かれらの生活圏となったのだ。

こういった背景で、上流貴族が地方政治をすべて国司に委ねるようになった。この時代には、主に国司の長官にあたる守《かみ》が国府の権限を一手に握るようになっていた。常陸《ひたち》（茨城県北部、中部）、上野《こうずけ》（群馬県）、下総《しもうさ》（千葉県北部と茨城県南西部と東京都の一部）の三国だけは、親王が太守《たいしゅ》（常陸太守など）となり、次官の介《すけ》が政務にあたっていた。

前にも記したように、一国の政務を担当する国司は「受領《ずりょう》」と呼ばれていた。上流貴族は受領の職務に干渉せず、かれらに定められた租税（貢納物）を中央に送ることだけを求めた。

受領の手で新たな土地税がつくられた

奈良時代の国司は、地方豪族が国府に贈った「貢納物」の一部を、租庸調《そようちょう》などの租税として朝廷に送っていた。それらの租税は、人頭税《じんとうぜい》という形で人口に応じた形で計算されていた。

ところが平安時代なかばに、人口の計算のもとになる戸籍がつくられなくなった。

そのため平安時代なかばに、人頭税から大雑把な農地調査をふまえた地税《ちぜい》への転換がなされた。官物《かんもつ》という新たな租税が定められたのだ。この官物は米で納める形をとっていた。このほかに、中央政府の必要な物資をさし出す、臨時雑役《りんじぞうやく》という租税があった。

受領は、定められた額の官物と臨時雑役を朝廷にさし出さねばならなかった。しかし、朝廷の地方政治関連の文献は、適当な数字を並べたものにすぎない。かれらがどのようにして租税を集めたかを伝える、確かな文献は残っていない。

一国の領域の中には、国府が農地開発に手を貸した土地もあった。そういったところでは、武士から、開発のときの取り決めにしたがった額の租税（貢納物）が納められていた。

しかし、かつて古代豪族がひらいた農地や、武士が新たに開墾した農地には、国司（受領）の支配が及んでいなかった。だから受領は、自立した武士と交易したり、武士たちに中央の文化を教えて、その代償を集めた。

この収益は、いったん受領の取り分となった。そして受領の収益の中から、朝廷への租税が出されたのだ。

受領の職務は、苦労の多いものであった。しかし商売上手な者は任地を上手に治め、多くの利益を得た。

「律令」を維持するための「荘園整理令」は、なぜ機能しなかったのか?

全国の土地が「名《みょう》」という徴税の単位に分割された

平安時代なかばに、各地の受領は自分が治める国に多くの「名《みょう》」という徴税単位を設けた。「名」とは、本来は「一定のまとまりをもった農地」を表わす普通名詞であったらしい。

受領が用いた「名」は、実態とは異なる帳簿上の形式的なものであった。「〇〇名　一〇石五斗（どこそこの村落の武士から、毎年これだけの収入がある）」受領はこういった形で、土地を「名《みょう》」として書きならべた。これによって特定の「名」を治める武士を「負名《ふみょう》」と呼んで把握したのだ。

そしてこのあと貴族、寺社なども、受領のこのような形の土地の管理をまねて、自領の荘園を「名」という単位に区分するようになった。

「名」を介した支配は、「名制《みょうせい》」とか「負名体制《ふみょうたいせい》」と呼ばれる。しかし名制に関する文書は、支配する側の都合によってつくられたものにすぎない。受領や貴族、寺社などの荘園

名制

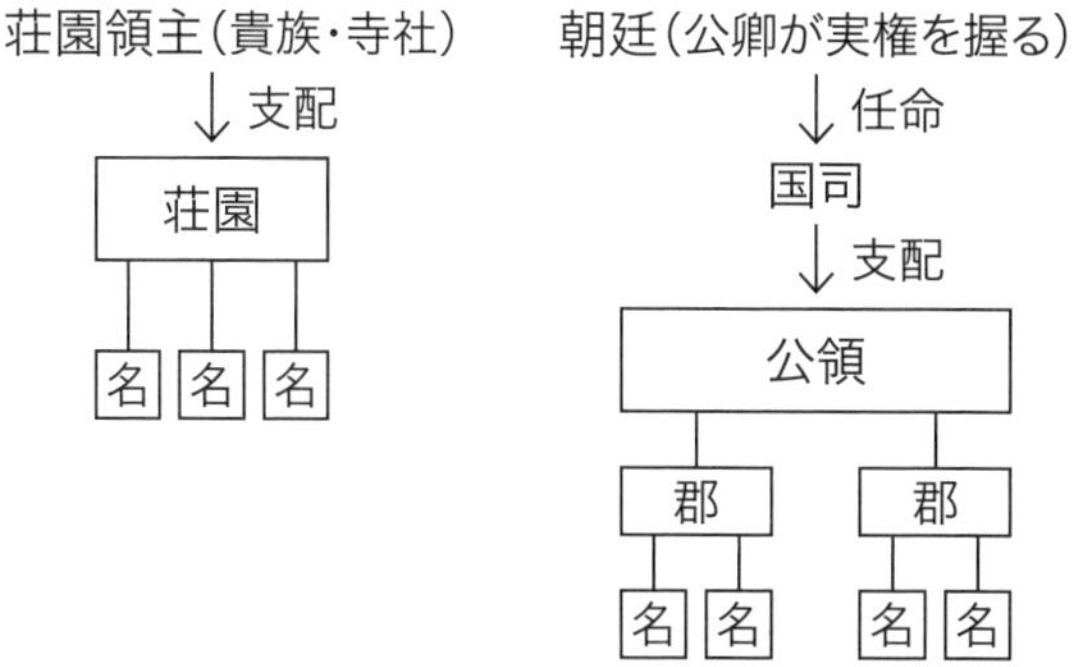

領主は、「名」とされた村落を、「一定の租税を得られる利権」とみていたのだ。

しかし、村落を治める小領主たちは自分たちを、「領内で裁判権をもつ自立した領主」であると考えていた。だからかれらにとっての受領や荘園領主は、ただの交易相手にすぎなかった。

受領や荘園領主の役割を、次のように説明できるかもしれない。

「中央の技術や文化を地方に分け与える権限を委ねられた者」

この権限は形式のうえでは、天皇から与えられたものとされた。上流貴族や受領（国司）を任命するのは、天皇であった。比叡山《ひえいざん》、高野山《こうやさん》などの有力な寺院の荘園支配も、天皇によって正当化されたものであった。

この時代にも、「律令」の原則は生きていた。だから受領の人事を決定するのは、公卿の会議だとされた。しかしその会議は、天皇の政務を代行した摂政や関白の主導のもとにあった。

摂政や関白を務める天皇の外戚が政務を指導するこのような形式の政治を、「摂関《せっかん》政治」という。摂関政治がなされた時代には、受領の地位を望む中級貴族は、競って摂関家や上流貴族に贈り物をした。しかも受領に対して強い影響力をもつ上流貴族は、有力な荘園領主である。

だから摂関家などの上流貴族（公卿）は、自領の荘園を支配するとともに、受領を介して公領に支配を及ぼしていたことになる。

朝廷では、前に述べたように藤原忠平の時代から厳密な貴族の家格が定められていた。これによって貴族社会で、忠平の子孫から摂政、関白を選ぶ慣行がおこなわれた。

はじめは、忠平の子孫で天皇の義理の祖父や伯叔父にあたる者が摂政、関白になる原則がとられていた。そのため忠平の流れをひく貴族たちは、こぞって自分の娘を天皇の后に送り込んだ。

このような流れのあと、一〇世紀末から忠平の曾孫にあたる藤原道長《みちなが》が外戚の地位を独占して（九九六年から）、朝廷を思いのままに動かした。この道長のもとで、「国風《こくふう》文化」と呼ばれる貴族文化が繁栄した。都の優雅な文化は、地方の人びとのあこがれの対象となっていた。

ほとんど空文だった「荘園整理令」

受領（国司）たちは日頃から荘園の存在を煩《わずら》わしく思っていた。

「中央の貴族や寺社の権威を借りて国府に反抗する者がいなくなれば、税収がふえて助かる」

と考えたのだ。しかも「律令」のたてまえでは、国司に「国《くに》という一定の地域の行政をすべて委ねる」のが正しいことになっている。だから受領は、さまざまな形で朝廷に荘園の廃止を求めた。

しかし荘園領主である上流貴族が受領の人事を握っているので、個々の受領が正面から荘園領主に敵対できない。こういった中で朝廷は、形だけでも荘園整理をおこなう姿勢をみせた。

前に「延喜の荘園整理令」がたてまえだけを記した形だけのものであることを示した。その後に出された荘園整理令も、それに似たものであった。

長久《ちょうきゅう》元年（一〇四〇）に朝廷は、国司たちからの要請によって、「長久の荘園整理令」を発した。それは次のような内容のものであった。

「現在の国司（受領）が在任中に認めた荘園を停止する」

実際には、これは現在の国司より前の代々の国司が認めた荘園をすべて公認する法令だということになる。だから「長久の荘園整理令」を「荘園公認令」だとする、中世史の研究者もいる。

この法令が出されたときには、藤原道長の子の頼通《よりみち》が関白として朝廷の主導権を握っていた。頼通は、当時の最大の荘園領主にほかならない。

藤原頼通は「国司（受領）が、過去に置かれた摂関家の荘園に干渉すること」をやめさせようとしたと考えられる。そのために頼通は、「荘園整理令」の形の荘園公認令を出したのであろう。

このあと寛徳《かんとく》二年（一〇四五）に、前司《ぜんじ》（現在の国司の前の国司）の任期中以後の荘園を整理する、「寛徳の荘園整理令」が出された。

ついで天喜《てんぎ》三年（一〇五五）に、「天喜三年の荘園整理令」が発せられた。それは、前の荘園整理令が出された寛徳二年以後の新たな荘園を整理する形をとっていた。

藤原道長の外戚関係と後三条天皇

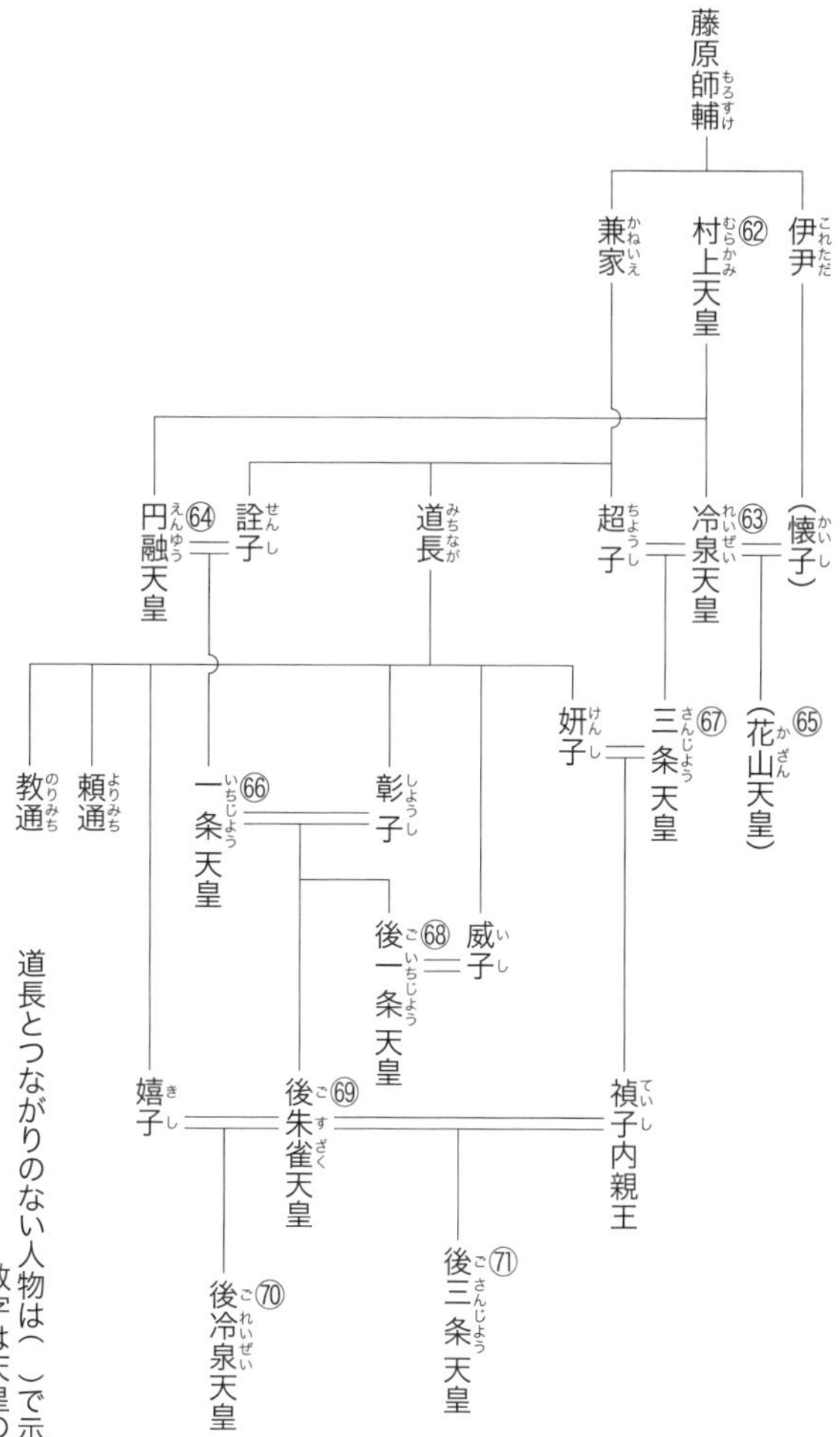

道長とつながりのない人物は(　)で示した
数字は天皇の代数

このような荘園整理令は、新しくできた一部の荘園を対象としたものにすぎなかった。しかも中央の有力者が荘園整理の実務に加わることはなかった。どの荘園を存続させ、どの荘園を廃止するかの判断は、すべて受領に委ねられたのだ。

そのため受領たちは、摂関家などの上流貴族の立場を忖度《そんたく》し、有力者のもつ荘園の大部分に手をつけずに済ませた。藤原頼通らの上流貴族は、多くの荘園の存在を認めたうえで、ごく限られた数の荘園を整理するふりをしてみせたのだ。

次章で取り上げる、後三条《ごさんじょう》天皇の「延久《えんきゅう》の荘園整理令」（一〇六九年）まで、本格的な荘園整理はなされなかったのである。

3
院政期、荘園の発展とともに「武士が成長」した理由とは

大規模荘園の全国化

中世の起点とされる院政の成立は、荘園制度に何をもたらしたのか?

摂関政治に対する受領《ずりょう》の不信が高まる

京都の貴族社会では、平安時代なかば（一〇世紀に入って間もないあたり）から比較的平和で安定した日々が続いた。藤原氏の嫡流《ちゃくりゅう》と公家源氏の血筋をひく一握りの上流貴族が政治の主導権を握り、下克上がみられなくなったためだ。こういった中で上流貴族は、自分たちの地位を守ろうとして、新たな動きを避けて先例にしたがった政務を繰り返すようになったのだ。

上流貴族の集団の指導者を務めたのが、摂関家であった。この時代に天皇は朝廷の祭祀《さいし》を主な職務とする象徴的な存在となっていた。政務の実権が天皇の権限の代行者である摂政・関白に委ねられたのだ。

摂関時代には「公事《くじ》」と呼ばれた朝廷の祭祀、法会《ほうえ》、年中行事が、上流貴族の最大の関心事になっていた。「公事」は国家に安泰《あんたい》をもたらすものとされており、その儀式の型通りの準備と運営が政治の課題と考えられた。

そして上流貴族たちは前にも記したように、地方政治を受領《ずりょう》に一任した。そして官物《かんもつ》、臨時雑役という名目で受領が送ってくる貢納物を用いて、「公事」をおこなった。

このような朝廷は、長期にわたって（九九六―一〇六七年）藤原道長《みちなが》、頼通《よりみち》父子の指導のもとにあった。

しかしその間の朝廷には、摂関家に反発する声が広まっていった。地方では、摂関家の知らないうちに、武士の勢力がじわじわと高まっていた。受領たちは、一〇世紀なかばすぎあたりから、任地の有力な武士を在庁官人《ざいちょうかんじん》という国府の役人に任命せざるを得なくなっていた。

一〇世紀には領内の中・下級の武士が団結して、朝廷に国司（受領）の不法を訴え出る事件も起こった。そのため中・下級の武士を従える在庁官人に補佐してもらわねば、任地に多くいる中・下級の武士を抑えられなかった。

しかし有力な武士の多くは、自分と同じ村落の小領主の立場にある中・下級の武士の側にたった政治を志向した。そのため在庁官人は、一国の領域内の武士の支持を受けて成長した。

とくに関東には、桓武平氏《かんむへいし》、清和源氏《せいわげんじ》、藤原氏の流れをひく有力な武士で在庁官人を務める者が多かった。一一世紀末頃には、政務の主導権が在庁官人の合議の手に移った国々もみられるようになった。

受領の経験のある実務に通じた中流貴族は、次のような危機感を抱いていた。

「このまま武士の成長が続けば、受領の思い通りに租税を集められなくなる」

そのためかれらは、「『公事』だけで事が足りる」とする摂関家に代わる、政治に熱意をもった指導者を求めた。

しかし摂関家が外戚として天皇の後援者を務めている限り、誰もかれらの権勢に抗議できなかった。しかし、どういうめぐり合わせか、藤原頼通や頼通の弟の教通《のりみち》が皇室に送り込んだ后には、皇女しか生まれなかった。

そういった中で、藤原道長の外孫にあたる後冷泉《ごれいぜい》天皇が亡くなった。そしてそのあと皇女を母とした、後三条《ごさんじょう》天皇がたった（一〇六八年、75ページの系図参照）。

父方の権威に立つ院政を志向した後三条天皇

後三条天皇は皇太子の時代から、政治の刷新につよい意欲をもっていた。そのため即位前から有能な中流貴族に働きかけて、近臣の集団を組織してきた。

おかげで当代第一の漢学者といわれた大江匡房《まさふさ》や実務に通じた藤原実政《さねまさ》、藤原為房《ためふさ》、源隆俊《たかとし》らの当代の第一級の人材が、後三条天皇の親政を支えることになった。

後三条天皇が抱える最も緊急な課題が、「明確な荘園整理の方針」を定めることであった。それまでの荘園整理令は、いずれもあいまいな形をとっていた。そのため荘園整理に熱意をもつ受領がいても、摂関家などからの干渉で挫折《ざせつ》せざるを得なかった。

こうして荘園領主に対する受領の反感が、極限に達していた。そのため後三条天皇は地方政治の混迷を収めるために、「延久《えんきゅう》の荘園整理令」（一〇六九年）を発した。

これは、寛徳《かんとく》二年（一〇四五）以後につくられた新たな荘園を、すべて停止するものであった。一四年前にあたる天喜《てんぎ》三年（一〇五五）には、寛徳二年以後の荘園を整理する「荘園整理令」が出されてはいた。しかしその法令は、ほとんど効果がなかった。

そこで天皇は、まず、すでに出された法令を徹底させることから始めた。このとき荘園整理の作業を担当する記録荘園券契所《きろくしょうえんけんけいしょ》が設けられた。記録荘園券契所の長官にあたる「上卿《しょうけい》」には、天皇の近臣の大江匡房と源隆俊が任命された。

記録荘園券契所は、すべての荘園領主に荘園関連の書面を提出させた。そしてその書面を一件ずつ丁寧に審査して、個々の荘園を認可するか停廃《ちょうはい》するかを決定した。

この審査の結果は、公卿の起請《きしょう》（合議による決定）を経て実行された。荘園を保有する公卿（上流貴族）であっても、公卿の起請にそむくことはできない。

後三条天皇の荘園整理によって、それまで不明確であった公領と荘園の区別がいったん確定した。このあと荘園に関する紛争が起こるたびに、延久の荘園整理の結果が判定の根拠とされた。そのため正当な荘園を表わす「起請以前」という言葉がしばしば使われるようになった。

後三条天皇は正当な経緯をもつ荘園の存在を容認したうえで、公領からの収入で朝廷の政務を維持しようとしたのだ。

後三条天皇は延久《えんきゅう》四年（一〇七二）に、息子の白河《しらかわ》天皇に譲位した。皇位についていると、あれこれ行動の制限を受けて、斬新な政策を打ち出せない。摂関家は、それまで母方からの影響を用いて天皇を指導してきた。そこで後三条上皇は、摂関家のやり方より影響力の強い、父方の権威を使う形で天皇を動かそうとしたのだ。

しかし後三条上皇は、院庁《いんのちょう》をひらいて院政をおこなう前の延久五年（一〇七三）、病没した。

公卿の会議を無視して独断で物事を決定した白河院政

後三条上皇は譲位《じょうい》にあたって、白河天皇の弟の実仁《さねひと》親王を皇太弟《こうたいてい》にしていた。後三条上皇は自分の二人の男子を皇位につけて、二代の天皇にわたって院政をおこなおうとしたらしい。ところが後三条上皇の急逝《きゅうせい》によって、院政への流れはいったん途切れたかにみえた。そういった中で、実仁親王が一五歳の若さで没した（一〇八五年）。この偶然の出来事が、白河天皇に幸運をもたらした。

この翌年（一〇八六年）、かれは八歳になる長子の堀河《ほりかわ》天皇に譲位した。このあと白河上

四代の院政と皇室

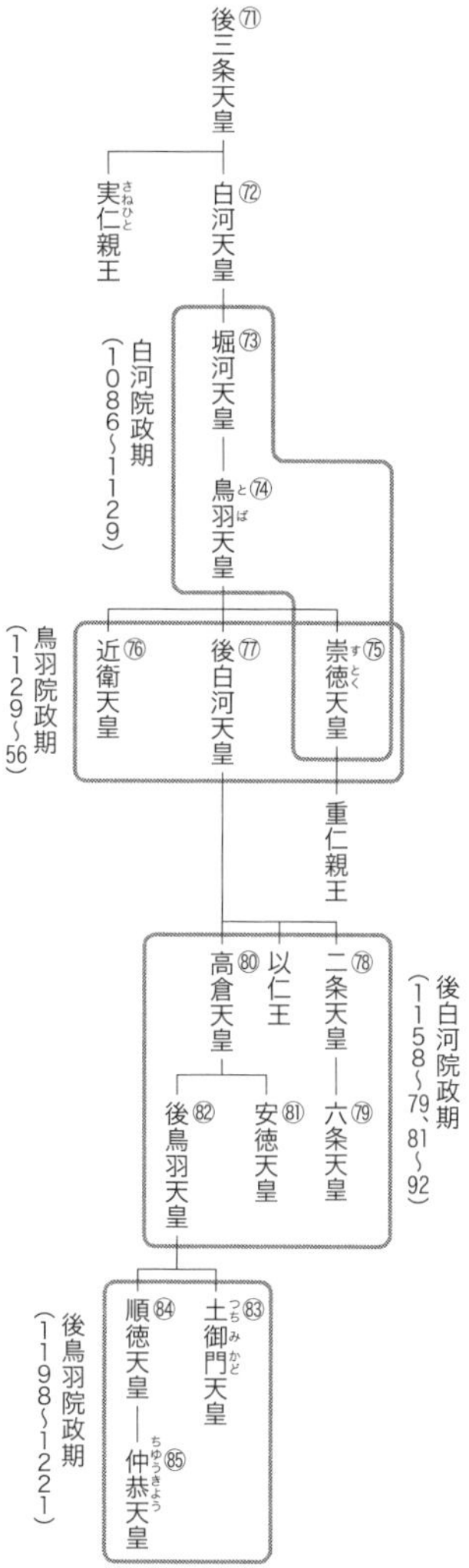

院政と朝廷

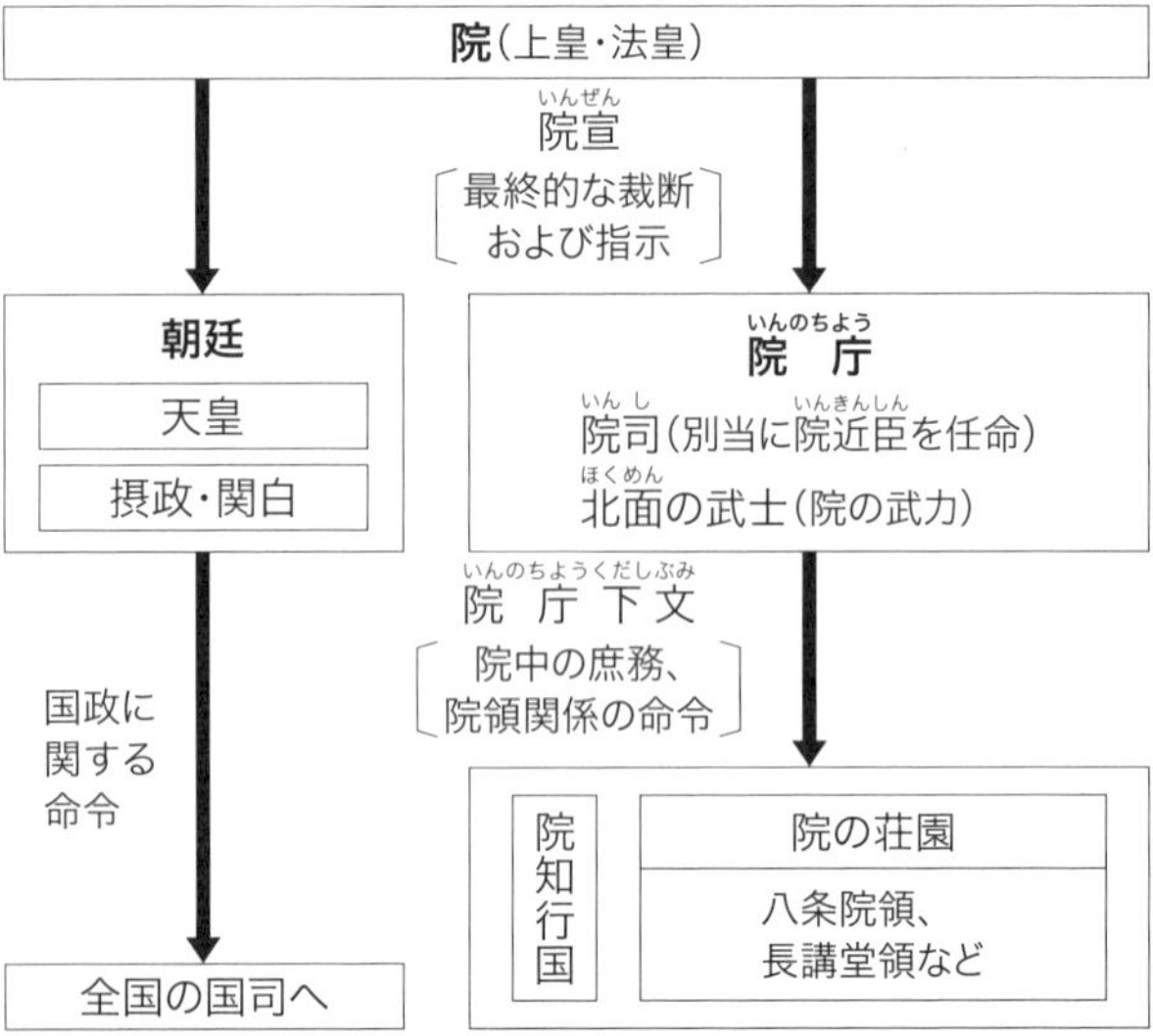

皇は、上皇の政務を補佐する院庁という役所をひらき、しだいに朝廷での発言力をつよめていった。朝廷の重要事項を摂関家や公卿の会議の意向を無視して、独断で決定するようになったのである。

それとともに白河院は、有力な受領や実務に長じた能吏《のうり》を集めて、「院近《いんきん》臣《しん》」と呼ばれる側近の集団をつくり上げた。かれらの中の有力な者は、院庁の職員である院別当《いんべっとう》や院判官代《ほうがんだい》に任命された。さらにのちには、中央の武士が院を警備する北面《ほくめん》の武士に任じられた。

院近臣は、院の政治面での助言者と

なり、天皇、摂関、貴族、寺社との連絡役を務めた。院庁下文《くだしぶみ》や院宣《いんぜん》といった院の命令が、宣旨《せんじ》などの太政官の命令と同様に重んじられた。さながら天皇のもとの朝廷と院の院庁という二つの政府がならび立つかのようなありさまになったのだ。

この白河院政の始まりとともに、領域型荘園という新しい形の荘園が急速に広まり始めた。

なぜ院政のもとで大規模な荘園経営が始まったのか?

広大な土地を囲い込んだ領域型荘園が出現した

後三条天皇の頃までは、「朝廷は国司を介して地方を統治すべきである」とする「律令」の原則が生きていた。ゆえに貴族や寺社の荘園はあくまでも、「法の原則を外れた、例外的な存在」とみられていた。

そのため摂関期までの個々の荘園には、小規模なものが多かった。有力者の荘園は全国に広がってはいたが、まだ荘園の農地の総面積は、公領の農地の総面積に遠く及ばなかったとみられる。

院政期の領域型荘園

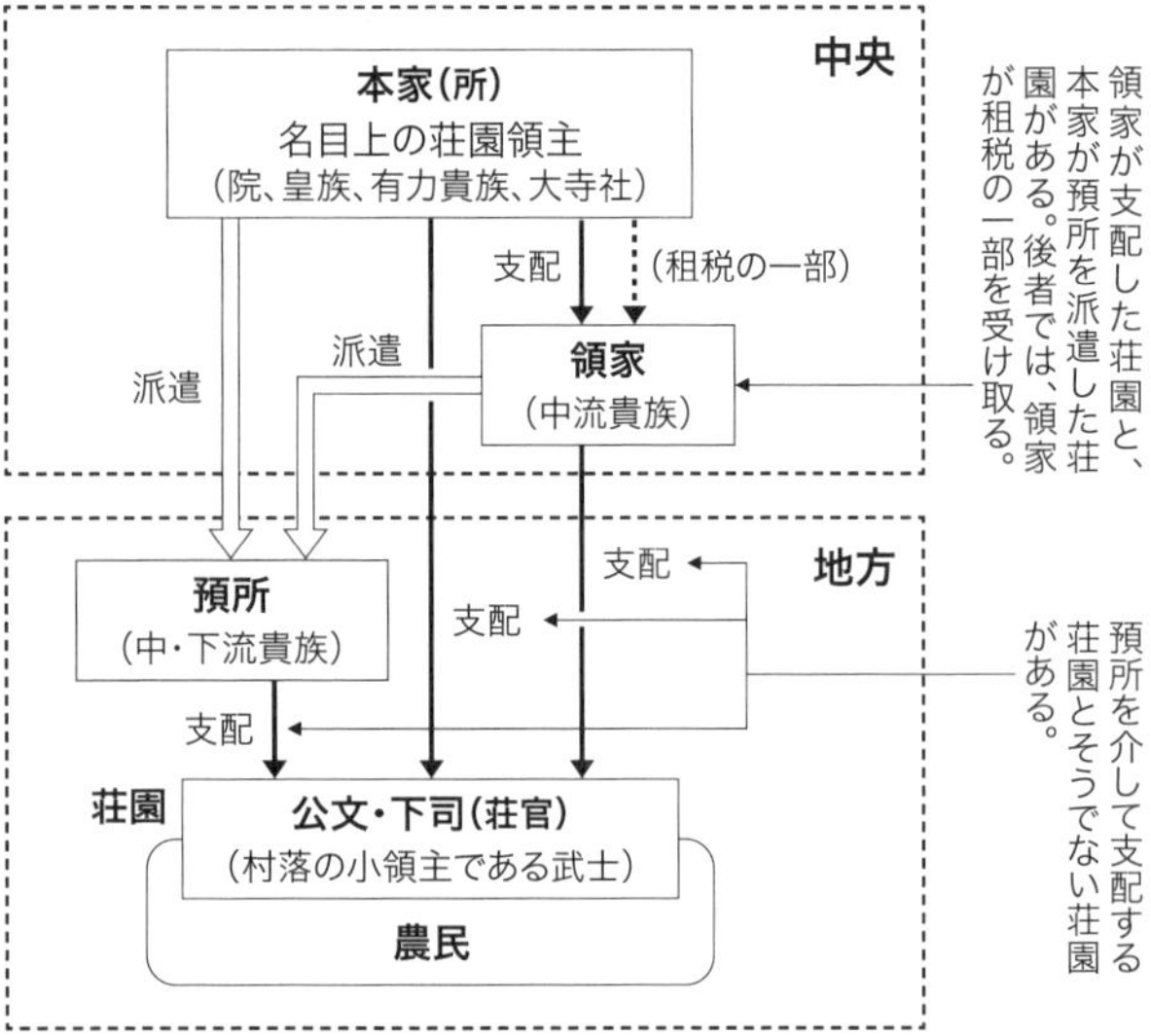

ところがこういった中で、摂関期の終わりにあたる一一世紀末に、広い領域を囲い込んだ「領域型荘園」が出現した。その最初のものが前関白の藤原頼通が治暦《じりゃく》四年（一〇六八）にひらいた、平等院領《びょうどういんりょう》の九か所の荘園である。

宇治にある平等院は、藤原頼通が浄《じょう》土《ど》信仰（阿弥陀仏《あみだぶつ》を祀って死後に極楽にいくことを願う信仰）をふまえて父の道長の別邸をもとにつくった寺院である。その寺院の金色に輝く鳳凰堂《ほうおうどう》や美しい庭園は、極楽浄土の姿を表わしたものだといわれる。

藤原道長の外孫にあたる後冷泉《ごれいぜい》天皇は、この平等院に封戸《ふこ》三〇〇戸つまり一〇〇〇町（約一二平方キロメートル）ほどの農地を寄進した。藤原頼通はこれを中心に広い土地を占有して荘園をたてた。

新たな荘園をたてることを「立荘《りっしょう》」あるいは「立券《りっけん》」という。立荘のときに、国司が荘園となる土地を調査して農地の広さを確認し、そこの四方の境界に「牓示《ぼうじ》」という目印を設けねばならなかった。

これが終わると、国司は荘園領主に「立券状《りっけんじょう》」という証明書を発行した。立券状は、その文書に示された土地が、文書をもつ者の所有地であることを表わす証明書であった。

平等院領が天皇寄進の寺院の領地であることによって、そこの国司は、租税免除の特権を認めざるを得なかった。現在のところこの平等院領荘園が、確かな文献から知られる最古の領域型荘園であるらしい（上島享《うえじますすむ》『日本中世社会の形成と王権』、名古屋大学出版会刊）。それから少しあとの白河院政の時期に、領域型荘園の立荘が盛んになされるようになった。

院の領地の多くは寺社領の領域型荘園とされた

白河院政が始まる前の年（一〇八五年）に、京都の醍醐寺《だいごじ》に付属する円光院《えんこういん》の所領として、近江国《おうみのくに》（滋賀県）の柏原荘《かしはらのしょう》（米原市《まいばらし》）が設けられた。円光院は、白河天皇の中宮《ちゅうぐう》（最も有力な后）であった藤原師実《もろざね》の養女賢子《けんし》（出自は源氏）のために醍醐寺の境内に建立された子院《しいん》（本院《ほんいん》と呼ばれる有力な寺院に付属した寺院）であった。

柏原荘は応徳《おうとく》元年（一〇八四）に没した賢子の生前の所領であったが、彼女の没後に円光寺の荘園とされたところである。このあと柏原荘は、円光寺の申請によって租税免除の特権を与えられた。

この翌年にあたる応徳三年（一〇八六）に、もう一つの円光院領荘園である越前国《えちぜん》（福井県）牛原荘《うしがはらしょう》（大野市）が立荘された。そこは、亡き藤原賢子の実父にあたる右大臣の源顕房《あきふさ》が起こしたものであった。

顕房は寺領の荘園とする適切な土地を探し、東大寺の僧侶忠範《ちゅうはん》の領地と越前国の荒地二〇〇町余りを囲い込んで、円光院に寄進した。このあと円光院は、忠範が所有していた農地に経営の拠点である荘家を設けて、そのそばの荒地（原野）を開墾していった。

このことによって二〇〇町を超える、新たな領域型荘園が出現したのである。

ここにあげた二か所の荘園は、形式上は円光寺領とされていた。しかし実質的には白河院の院庁が、現地の荘園の管理者である武士たちを直接把握する形をとっていた。

荘園からの租税の一部は、円光寺の経費にあてられたが、残りはすべて院の収入となっていたのである。

院と天皇はこれから間もない寛治《かんじ》年間（一〇八七―九四）に、寺社の領域型荘園を次々に設けた。この時期に紀伊《きい》の熊野大社には一〇〇町余りの農地が寄進され、京都の上賀茂《かみがも》、下鴨《しもがも》神社には六〇〇町の田地が与えられた。

このような形の領域型荘園が、院政のもとで拡大していったのだ。

なぜ租税を払わない特権をもつ貴族・寺社勢力が拡大したのか？

一一世紀末の農業の発達が本格的な荘園の時代をもたらした

一一世紀末から白河院は、大規模な寺社領の形式をとる院領《いんりょう》（院の領地）荘園の設置を始めた。このことをきっかけに、全国の土地が続々と領域型荘園に組み込まれていった。

荘園は最初は、神仏の権威を借りて他者を排する寺社領の形式をとっていた。しかし間もなく、摂関家などの上流貴族が、次々に領域型荘園の立荘を開始した。

それから少し遅れる形で、武士の系譜をひく軍事貴族も国内の農地の分割に加わった。桓武平氏、清和源氏などの有力な武士が、地方で勢力を蓄えたのちに中央に進出して中流貴族となり、荘園領主に成長したのだ。

源義家《よしいえ》や平正盛《まさもり》、忠盛《ただもり》父子は、まず院の警備を務める北面の武士（84ページ）の一員として院に接近した。そして院の引き立てによって国司（受領）となって財力をつけ、さまざまな形で経済的に院を支えるようになったのである。

こうして領域型荘園は急速に拡大していった。白河院政のあとをうけた鳥羽《とば》院政がなされた一二世紀前半頃までには、国司が治めた公領以外の農地はすべて、皇室、貴族、寺社などの私領に分割されることになったのだ。

日本中世紀の研究者は公領と荘園がならび立つ形を、「荘園公領制《しょうえんこうりょうせい》」と呼んでいる。一一世紀後半から一二世紀後半にかけての、「技術革新」と呼ぶべき農業技術の急速な発展が、このような荘園公領制をもたらした。

一一世紀後半に入ったあたりから、牛や馬に鋤《すき》を引かせて農地を耕す、牛耕《ぎゅうこう》、馬耕《ばこう》が広まり始めた。これによってそれまで人力で開発できなかった原野の多くが開墾されて水田に変わっていった。

さらに川の上流から農業用水を流す、大掛かりな用水路を開発する技術も広がった。そのおかげで、これまで農地にできなかった、微高地《びこうち》つまり丘陵部にまで水田が広がっていった。これとともに、西日本の暖かい地域から夏に稲を育て、冬に麦などを栽培する二毛作が普及した。

ここに述べたような農業の技術革新は、一二世紀に入ったあたりから本格化した。そのため一二世紀前半の時期を、「大開墾の時代」と呼ぶ日本史の研究者もいる。

農民の生活は、大開墾の時代に急速に豊かになっていった。

領域型荘園の発展を物語る条理地割の拡大

私は前に説明した条里地割が、一一世紀後半あたりから急速に増加している点にも注目している。奈良盆地は、全国で最も多く条里地割が残る地として知られている。ところがそこの数百か所の水田の発掘調査によって、平安時代前半以前の条里地割がきわめて少ない点が明らかになった。

奈良盆地で発見された条里制にみあった水田、畔《あぜ》、水路の大部分は、一一世紀以後につくられたのである。他の地域の条里遺構の成立時期にも、奈良盆地の条里遺構と同じ傾向がみられる。そのため、次のような見通しが有力になった。

「条里地割は『律令』の制定によって出現したものではない。条里地割の多くは、一一世紀以後の寺社などの大規模な荘園開発によってつくられた『荘園の条里プラン』（50ページ参照）である」

さらに水田の発掘調査によって、奈良盆地の微高地に広がる灰色《はいいろ》土壌《どじょう》の土地の農地化が、一一世紀である点も明らかになった。それ以前は低湿地の青黒い土壌の地域だけが農地になっていたことになる。

しかも灰色土壌の分布は、荘園関連の文献から知られる一一世紀以降の荘園の広がりと一致していた。

貴族、寺社などの有力な荘園領主は、いちはやく新たな農業技術を用いて微高地などの原野を開発した。そしてそこを、不輸《ふゆ》不入《ふにゅう》（租税免除）の特権をもつ自分の領域型荘園として囲い込んだのである。だから朝廷が、そのような経緯でつくられた農地を没収して公領とすることは、まず不可能であった。

不輸不入とは、租税を納めなくてよい権利と、役人が徴税のための土地調査のために荘園に立ち入ることを拒否する権利をさす。朝廷は荘園領主が自ら開発した農地を、不輸不入の荘園とせざるを得なかったであろう。

その代わりあとで説明するように、朝廷は荘園領主から「天皇への奉仕」の名目でなされる「一国平均役《いっこくへいきんやく》」を徴収するようになった。

なぜ「荘園公領制」は中世の始まりをもたらしたのか？

天皇の統治を正当化した荘園公領制

近年になって日本中世史の研究者の多くが中世の起点を、鎌倉幕府の成立ではなく院政期に置くようになった。「院政期」とは、平安時代末のおおむね院政がなされた時期に対応する期間を示す言葉である。

後三条天皇の治世も、「院政期」とされる。鎌倉時代はじめの朝廷でも、後鳥羽《ごとば》上皇の院政がなされた。しかし、鎌倉幕府の成立（一一八五年）以後は、平安時代の院政期ではなく鎌倉時代とされている。

院政の成立とほぼ対応する時期に、荘園公領制が確立した。この荘園公領制にたつ中世の社会は、きわめて複雑な姿をしていた。そして一つの考えとして荘園公領制を、次のような制度だと説明することもできる。

「天皇が、荘園領主と国司との両者を介して日本全国を統治する制度」

権門体制の構造

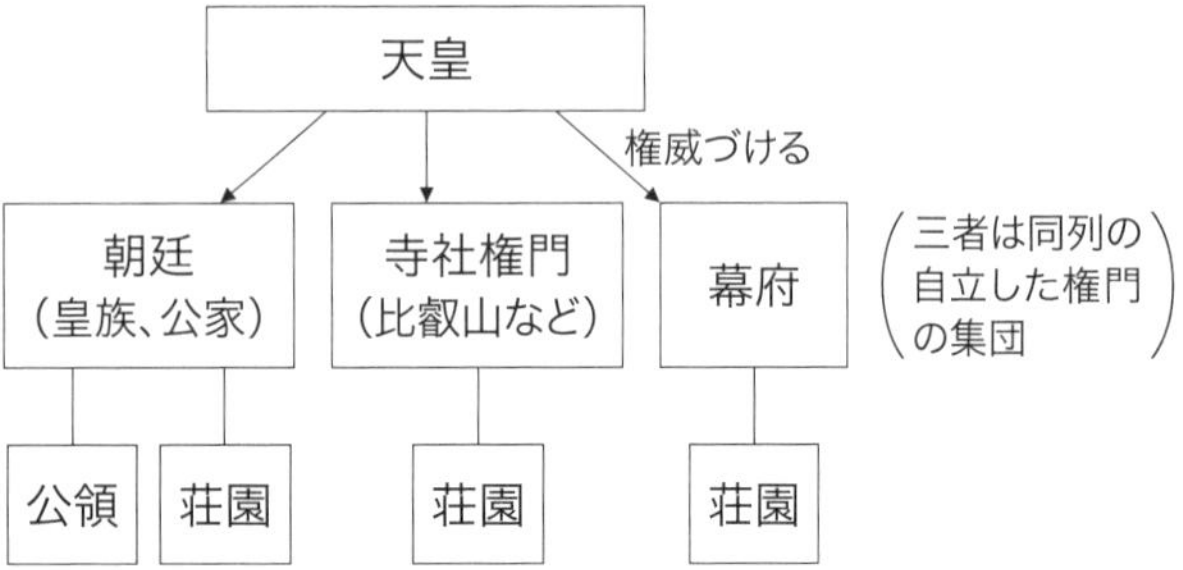

荘園領主の地位は天皇によって公認されたものであり、不輸不入の権も天皇が与えたものである。また国司の任命権も天皇にある。このような発想とほぼ対応する形で、日本中世史の研究者の多くが、中世の権力のあり方を「権門《けんもん》体制」と定義する。

この権門体制論は、日本の中世には朝廷、寺社勢力（有力な寺社）、武家政権の三つの自立した政権がならび立っていたとするものである。公家《くげ》（幕府成立後、貴族が公家になる）の集まりから成る朝廷も、有力な寺社も、鎌倉幕府とその配下の有力な武士も、似た立場にあった。いずれも荘園を保有し、そこの施政権、裁判権をもった自立した勢力であった。

そうであっても突きつめて考えると、公家も将軍も寺社の指導者も、天皇によって権威づけられた存在にすぎない。ゆえに「中世の多様な自立した権力は、すべて天皇の統治のもとにあった」というのである。

院政期に多くの自立した荘園がならび立つことを認める「別名制」がつくられた

武士の立場からみた荘園公領制を、「別名制《べつみようせい》」と説明する場合もある。それは平安時代末に、公領と荘園に、多くの武士の領地があったとするものだ。武士の領地は荘、保《ほ》、別《べっ》符《ぷ》、名《みよう》、郡、郷などのつく多様な名称を付された別名《べつみよう》（荘園）として扱われたのだ。

○荘の名称の荘園が多いが、国司が貴族などに開発させた○保や、租税の軽減をうけた○別府と呼ばれる荘園もある。郡司や郷司を務めた豪族の本拠地は、公領の中の「郡」、「郷」とされた。

また、一〇世紀に一つの「名」であったところが、○名の名前のままで「別名」として扱われたり、○村という地名がそのまま別名の名称となったところもあった。

地方では平安時代はじめにあたる九世紀前半あたりまで、大小さまざまな自立した豪族がならび立っていた。そして郡司を務める有力豪族の中小豪族に対する指導力が衰えたことによって、長期にわたる混乱が起こった。この混乱の間に、武士が誕生した。そのあと一一世紀末に荘園公領制がつくられ、ようやく社会は安定した。

この時点で、各地の村落の小領主（武士）の間に、次のような発想が広まった。

「京（都）に広大な国を治めておられる天皇という尊いお方がいるらしい」

別名制

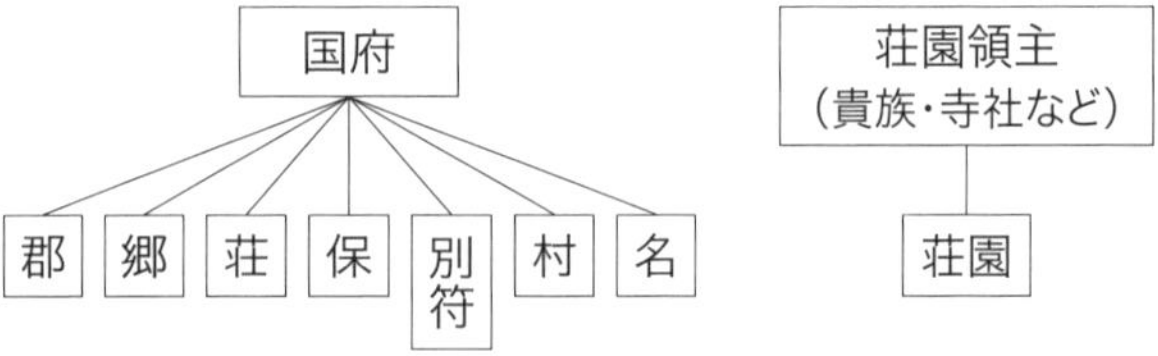

（公領が、荘園と似た形に分かれた、武士が支配する多くの別名になる）

当時の日本人の多くは、一生、自分の村落が所属する盆地世界の中で過ごしていたとみられる。

しかし一一世紀末から始まった大規模な農地開発のおかげで、かれらは急速に豊かになった。その農地開発を指導したのが、天皇に仕える荘園領主や国司（受領とその目代《もくだい》）であった。しかも地方の村落の小領主（武士）の求める商品の多くが、京都からもたらされた。そのためかれらは、

「天皇がどのような生活をしているのかは知らないが、日本文化のおおもとは京都にある。だからひとまず天皇をたてて、武家政権や貴族、寺社、国司にしたがっておくのが得策だ」

といった意識をもち始めた。

このようにして、御所のある京都を日本の「首都」とする発想が一般化した。地方に住む人びとは、天皇の御殿や大寺院、公家の屋敷などがたちならぶ京都の町にあこがれた。

比較的有力な武士の中で、京都に物見遊山《ものみゆさん》の旅行をして、贅《ぜい》

沢《たく》な商品を買い求める者もいた。さらにかれらの中から、朝廷に献金して左右の衛門尉《えもんのじょう》、兵衛尉《ひょうえのじょう》などの名目だけの下級の武官の地位を買う者まで出てきた。

鳥羽院政のもとで領域型荘園が急速に拡大したのはなぜか？

公領も荘園も支配した院

院政を始めて間もない頃から、白河院は院近臣を用いて公領に対する支配を強化していった。有力な院近臣は若年で、受領に任じられた。

そのあと受領になった院近臣たちは盛んに成功《じょうごう》（皇室関連の建物や寺社の建築費などを負担する代わりに、希望の官職に任命されること）によって同じ任国に再任されたり、知人と任地を交換したりした。院近臣が播磨《はりま》（兵庫県南西部）、伊予《いよ》（愛媛県）などの収入の多い国をたらい回しにして、富を蓄えたのだ。

この頃から、有力な公卿や院近臣に、一国の政務を委任する知行国制《ちぎょうこくせい》が盛行した。それは中央の高官を特定の国の知行国主にして、その国の受領の任命権を与えるものである。それ知行国主は自分の子弟を受領に任命した。それとともに、実務に長じた家臣を目代として

知行国制

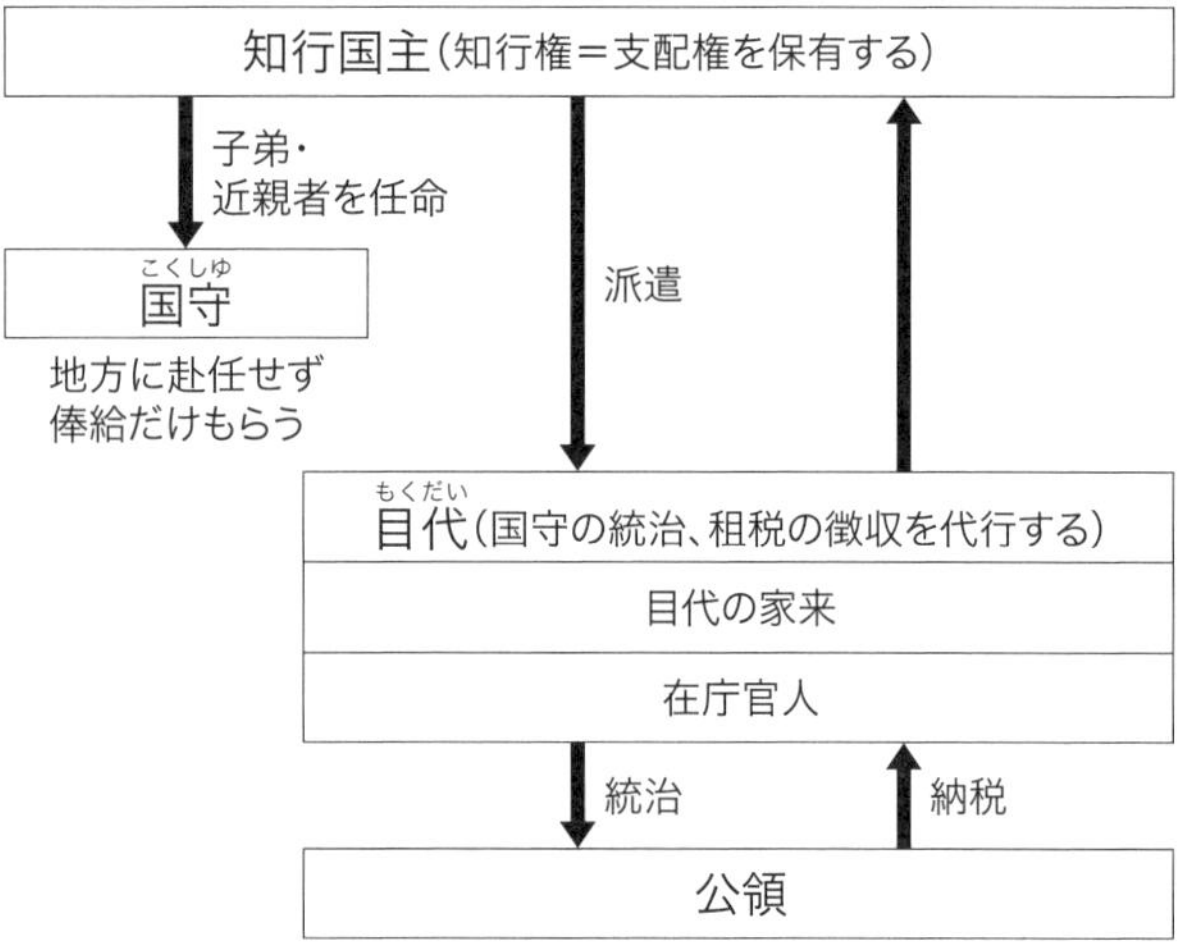

地方に派遣して任地の政務にあたらせた。

白河院自身も、複数の国の知行国主となっていた。かれの時代には、まだ公領を重視する原則がとられており、院の主導のもとに公領の支配を強化する方向が模索されていた。

白河法皇は、大治《だいじ》四年（一一二九）に没した。そしてそのあとかれの孫にあたる鳥羽上皇の院政が開始された。鳥羽上皇は、白河院の近臣をそのまま受けつぎ、朝廷で専権を確立した。そのあとかれは、崇徳《すとく》天皇、近衛《このえ》天皇、後白河《ごしらかわ》天皇の三代の天皇をたてて、約二七年間（一一二九—五六年）にわたって権力の座にあった。

かれの時代に、国内の情勢が大きく転換

した。これは鳥羽院が、白河院がとった「荘園の拡大を制限する」政策を打ち切ったことによるものだ。院が、皇室領荘園を積極的に拡大する方向に転換したのである。

鳥羽上皇は御所《ごしょ》とした京都南郊の鳥羽殿《とばでん》に、安楽寿院《あんらくじゅいん》という御堂を建立した。このとき鳥羽院の意向を受けた院近臣の藤原家成《いえなり》が、二二の荘園から成る広大な安楽寿院《あんらくじゅいん》領という荘園群を設けた。

いずれの荘園も広大であった。その中の伊予《いよ》国（愛媛県）吉岡荘《よしおかのしょう》（西条《さいじょう》市）の広さは田三一三二町（約一・六平方キロメートル）、豊後《ぶんご》国（大分県中・南部）長野荘《ながののしょう》（玖珠《くす》）は田三一三町（約三・八平方キロメートル）あった。

鳥羽院はこれとともに、娘暲子《しょうし》内親王のための、八条院領《はちじょういんりょう》という有力な荘園を設定した。そこは、七九か所の荘園から成っていた。鳥羽院政のもとで、院ゆかりの寺院や、院の妻や子の領地という名目で、大量の荘園がつくられたのだ。

摂関家などの有力貴族や比叡山などの大寺院も、この時代に院にならって急速に荘園を拡大していった。そのため鳥羽院政が終わるあたりには、国内の農地の六割ていどが荘園になった。国内の荘園の多くが、院政期につくられた領域型荘園にされたのだ。

領域型荘園の実質的支配者は村落の小領主であった

中央の有力な皇族、貴族、寺社などが、院政期に地方の広大な土地を囲い込んで領域型荘園を設けた。しかし地方の実情を知らない中央の荘園領主が、地方の広大な土地を思うままに支配できたわけではない。

領域型荘園の農地を実質的に把握していたのは、荘園に居住する村落の小領主（武士）たちであった。

都の住民である上流の貴族、僧侶、神職などは、「乱暴」な武士が活動する「鄙《ひな》（田舎）」を恐れていた。

貴族層が、新興の武士を粗暴な「田舎者」として扱っていたのだ。しかし実際には村落の小領主の多くは、正直で信義に厚い、義理堅い人びとであった。そうでなければ、多くの農民が武士を慕い、かれらの指導のもとで個々の村落を単位として農耕を営むことはあり得ない。

貴族たちも、この点を十分理解していたに違いない。それでもかれらは、「自分たちは天皇につらなる優れた人間だ」という自大《じだい》主義（小人物が思い上がって尊大にふるまうこと）に染まっていた。そして、宮廷での作法や和歌の心得に通じていない武士を軽蔑《けいべつ》した。

つまり領域型荘園の設定（立荘）とは、貴族社会の中の取り決め事にすぎなかった。だから貴族が地方の人びとに直接、「私の荘園で働きなさい」と命令しても誰もついてこないのである。

京都の高度な技術、文化を求めた武士たち

荘園の管理者となることが、武士の側に大きな利益をもたらした。そのために武士は、貴族たちの荘園経営に協力した。

「貴族に媚《こ》びてかれらをたてるのは面白くない。それでもかれらが独占する優れた農業技術を使わせてもらいたい。そうすれば、これまでに手に負えなかった台地や原野を開発できて、得をする」

こういったあたりが、武士たちの本音ではなかったろうか。荘園は現地の武士の主導のもとに、かれらの配下の農民の手で開墾された。だから村落を治めることになった武士たちは、新たにひらいた農地を、「働いた者の持ち物」と考えて農民に分け与えた。

そして自分は村落の小領主として、そこの住民から現代風にいえば「地方税」と呼ぶべき報酬を得た。しかしそれは武士の私財ではなく、村落の住民全体の持ち物と考えられた。

武士が蓄えた穀物は、飢饉《ききん》のさいの備えになったり、貧しい者の生活を助けるのにあてられたり、新たな土地の開墾や戦いのための経費とされた。

領域型荘園はこのような武士が治めた小村落の集合体であった。そこの武士からは、開発されたときの取り決めにしたがった額の年貢《ねんぐ》（年決めの貢租《こうそ》）などの租税が、中央の荘園領主に送られた。貴族の側は自領の荘園を、自分の土地のように扱ったのであろう。

年貢などの額は、個々の武士との力関係によって定められた。武士の側はそれを、「貴族、寺社を介した、朝廷（天皇）への献金」とでも考えていたのだろう。しかし「多くの献金をした者が、荘園領主にあれこれ便宜《べんぎ》をはかってもらえた」といったこともあった。

誤解をおそれず解説するならば、武士の発想は、現代の私たちの次のような意識に近いのかもしれない。

「大手ＩＴ企業の通信販売を利用すれば、欲しい商品が手軽に比較的安価で手に入る」

通信販売を利用する者は、ＩＴ企業が通信販売で大きな収益を上げていることをほとんど意識しない。ＩＴ企業との取引は、「店主の感じがよいから、近所の特定の個人商店を利用する」といった人間的なつながりをもつ行為とは別物である。

荘園が大規模化する中世、土地所有の意識はどう変わったか？

領域型荘園の成立で国魂信仰の呪縛から解放された小領主

領域型荘園が広がる時期の直前まで、「農地は国魂《くにたま》という大地の神の持ち物である」とする考えが根強く残っていた。つまり、すべての土地が一つの地域のすべての住民のものとされてきたのだ。それゆえ古くは地方豪族や村落の小領主は、国魂の祭祀をおこなうことによって、住民の指導者だと公認された。

農地を開墾した者は、その土地の用益権《ようえき》（土地を利用して農業を営む権利）を得た。しかし神から土地の管理を委ねられた農民が農地を荒廃させてしまうこともある。その場合、かれの用益権が取り消された。荒れ地が、国魂の神のもとに返されたのだ。そして誰でもその土地を開墾できるようになった。

古代の日本には、現在の私たちが考える「土地の売買」とまったく異なる概念があった。それは、すぐ前に示した「農地は大地の神のもの」とする習俗からくるものであった。

一年を単位として農地を貸し借りする取引が、古代の日本で広くおこなわれていた。農地を開発した者はそこの用益権を与えられるが、用益権をもつ者がなんらかの都合で一年間、農耕を休むことがある。この場合にその土地の持ち主は、一年間という条件をつけて自分の農地を誰かに貸した。

このような行為が、古代の日本の古文書に「土地を売る」と表記されていた。これとは別に、農地の権利を完全に他者に売り渡す場合もあった。そういった行為は、わざわざ「永《えい》売《ばい》」などと表現された。ところが他者に永売した農地にも、もとの持ち主の権利が残っていた。つまり、最初にその土地を開発した人間の功績が、半永久的に重んじられていたのである。そのために古代の日本の法で、「もとの持ち主が、妥当な代償を払って永売した土地を取り戻す権利」が保証されていた。

このような行為を、「悔《く》い返し」という。多くの農地を買い集めて地主になった者もいた。しかし、もとの持ち主たちが揃って悔い返しを求めれば、その地主はすべての農地を失ったのだ。

「共同体的土地所有」から「私的土地所有」へ

一年限りの土地の用益権の売買や悔い返しの習俗の背景に、次のような発想があった。

「開墾によって国魂の神から与えられた土地は、大事に耕して維持して子孫に伝えていかねばならない」

親族から成る村落のみんなが、きっちり農地を維持していくことが、住民全体の幸福につながると考えられていたからだ。

しかし農業技術が向上して経済が発展していく中で、このような発想を煩《わずら》わしく思う者も出てきた。平安時代末にそういった者の中から、新しい村落を開発してそこの小領主となる者が次々に現われた。

そのような開拓者がいたもとの村落の住民から、より豊かな生活を求めて開拓者にしたがった者も出た。開拓者一人で農地を開墾したのではなく、開拓者を指導者にたてた農民の集団が新しい農地をひらいたのだ。開拓者であった新興の武士（村落の小領主）は、みんなで力を合わせて苦労して開墾した土地は、永遠に自分たちの持ち物とすべきだと考えた。そしてその権利の保証を、朝廷につらなる貴族や寺社に求めた。

戦後の日本史の研究者の中に、次のような発想をとる者がかなりいた。

「共同体的土地所有から私的土地所有への転換を、歴史の発展の目安とする」

私は平安時代末に新たな技術を用いた土地開発が拡大する中で、はじめて「私的土地所有」の概念が生まれたと考えている。つまり平安時代末（一一世紀末）に、農地という不動産が動産と同じ個人（家）の持ち物とされたのである。

鳥羽院政下、武士はなぜ広大な荘園をもつほど成長したのか？

新興の武士が中央の神社の分社を起こした

平安時代末には古代豪族の流れをひく小領主や、富豪層から成長した小領主の次男、三男などが、新たな村落の小領主となったと考えられる。かれらの本家筋にあたる小領主は、このように思っただろう。

「あの土地は、本来は私が祀る国魂の神の持ち物である。しかし私の親族が中央の貴族や寺社の後援をうけてそこを開発してしまったので、手を出せなくなった。一介の小領主である私に、貴族や寺社と争うだけの力はない」

上流貴族などの荘園の管理人となった武士の中には、このような考えをとる者も出た。

「私が農民たちを指導して開発した土地を、国魂の神の支配する土地から切り離そう」

そう考えた者は、自分が治める荘園で、大国主命《おおくにぬしのみこと》などの国魂の神と異なる神を祀った。

現在でも藤原氏の氏神、春日《かすが》大社（奈良市）や、比叡山の守り神である日吉《ひえ》大社（大津市）の分社が国内の各地にみられる。

このような各地の春日神社、日吉神社（山王《さんのう》神社）の多くは、平安時代末に設けられた。領域型荘園の管理者となった武士が、新たに建てた神社だとみてよい。かれらが中央の荘園領主が祀る神社を勧請《かんじょう》した（神社を起こすこと）のである。このあとかれらは、自分の領地とつながりがなかった中央の有力者に関連する神の祭祀をおこなった。その行為によって自分が治める村落を、地方の有力豪族が祀る国魂の神の信仰圏から独立させたのだ。

一つの市《し》の領域に匹敵する鳥羽院領矢野荘《やのしょう》

地方に領域型荘園を設立するとき、中央の有力者はまずその協力者となる小規模な荘園の持ち主を探した。もとからある租税免除の特権をもつ小規模な荘園の農地の支配権を購入したのだ。そしてそこに拠点を設けて、周囲の広大な原野を囲い込んで免税の地とした。

鳥羽院の后の美福門院《びふくもんいん》の所領であった播磨《はりま》（兵庫県南西部）の矢野荘という有力な荘園がある。そこは国司が藤原顕房《あきふさ》という貴族を介して、秦為辰《はたのためたつ》という播磨の小豪族に開発させた、久富保《ひさとみほ》という荘園を核につくられた。為辰はこれ以前に自分が治める小村落を、藤原顕季《あきすえ》という中流貴族に寄進して免税の特権を得ていた。

そして藤原顕季が鳥羽院の有力な近臣となった縁で、久富保を中心とした新たな荘園が開発された。保延《ほうえん》三年（一一三七）に久富保とその周辺の原野から成る矢野荘が立荘されたのだ。この矢野荘は現在の兵庫県相生《あいおい》市の全域にわたる約一〇八平方キロメートル（約九〇〇〇町）の広さをもっていた。荘園の領域が確定したあと、秦為辰らは鳥羽院の院庁の指導のもとに原野の開発に取り組んだ。

多くの者が近所のいくつもの村落から集まって開墾に従事した。そしてその中の主な者は村落の小領主になっていった。このような大規模な農地開発を主導した秦為辰は、矢野荘全体の現地の管理人である公文《くもん》（公文職《くもんしき》）という荘官として活躍することになった。

大開墾の時代に急成長した源氏と平氏

前に記したように、日本国内の農地は「大開墾の時代」と呼ばれる一二世紀前半に急速に拡大した。鳥羽院政の時代（一一二九―五六年）は、ほぼこの大開墾の時代の後半に相当していた。

各地で盛んに農地開発がなされた中で、鳥羽院が院領の荘園を大幅に拡大したのだ。鎌倉時代はじめの能登《のと》国（石川県北部）の、農地の調査の結果を記した文書が残っている。その文書によって、その時代の能登国の水田の約七割が荘園であったことがわかる。しかもその荘園の約四分の三が、鳥羽院政のもとで設立されていた。つまり能登国の水田の中の半分弱にあたる部分が、鳥羽院政がなされた二七年ほどの間に開発されたことになる。

三浦一族系図

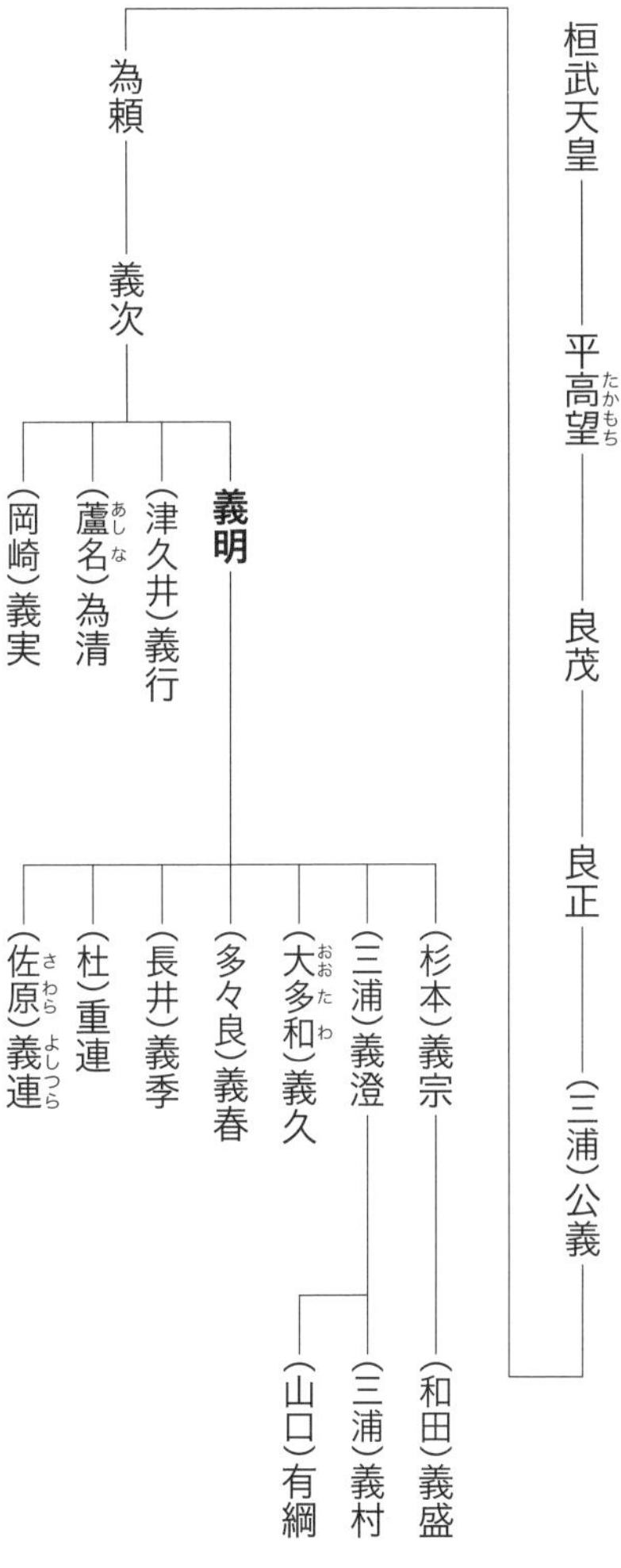

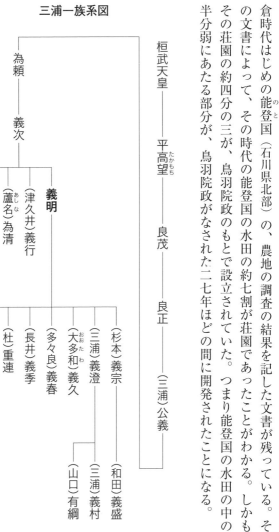

農地の拡大は、大開墾の時代とその前後八〇年とを合わせた二一〇年ほどの長期間にわたって（一〇二〇—一二三〇年頃）みられた。

この農業の技術革新が始まって間もない頃には、地方の中・下級の武士の手で農地開発がなされた。ところが鳥羽院政期のあたりから、桓武平氏、清和源氏などの流れをひく有力な武士の主導による大規模な開発が盛んになった。

三浦半島に本拠をおく、三浦家という有力な武士がいた。かれらは平安時代中期から関東で活躍した、桓武平氏の流れをひく武士であった。

この三浦家の系図をみると、興味深いことがわかる。三浦家が三浦義明《よしあき》（一〇九二—一一八〇年）の世代から三代にわたって多くの分家を出して発展していたのだ。

三浦一族の者は一二世紀なかば頃から、次々に津久井《つくい》、蘆名《あしな》などで農地を開発してそこの領主になった。そして本家から分かれた者は、領地の地名を名字とする分家となった。

三浦氏は大開墾の時代の前から、相模国《さがみ》（神奈川県）の有力な在庁官人として活躍してきた。この頃の三浦氏は、本拠地の周囲の武士を束ねる武士団《ぶしだん》（有力な武士を指導者とした村落の小領主のまとまり）の長となっていたとみられる。個々の武士の能力では朝廷に対抗できないが、かれらがまとまって武士団となると、貴族政権に圧力をかける力をもてる。

武士団の構成

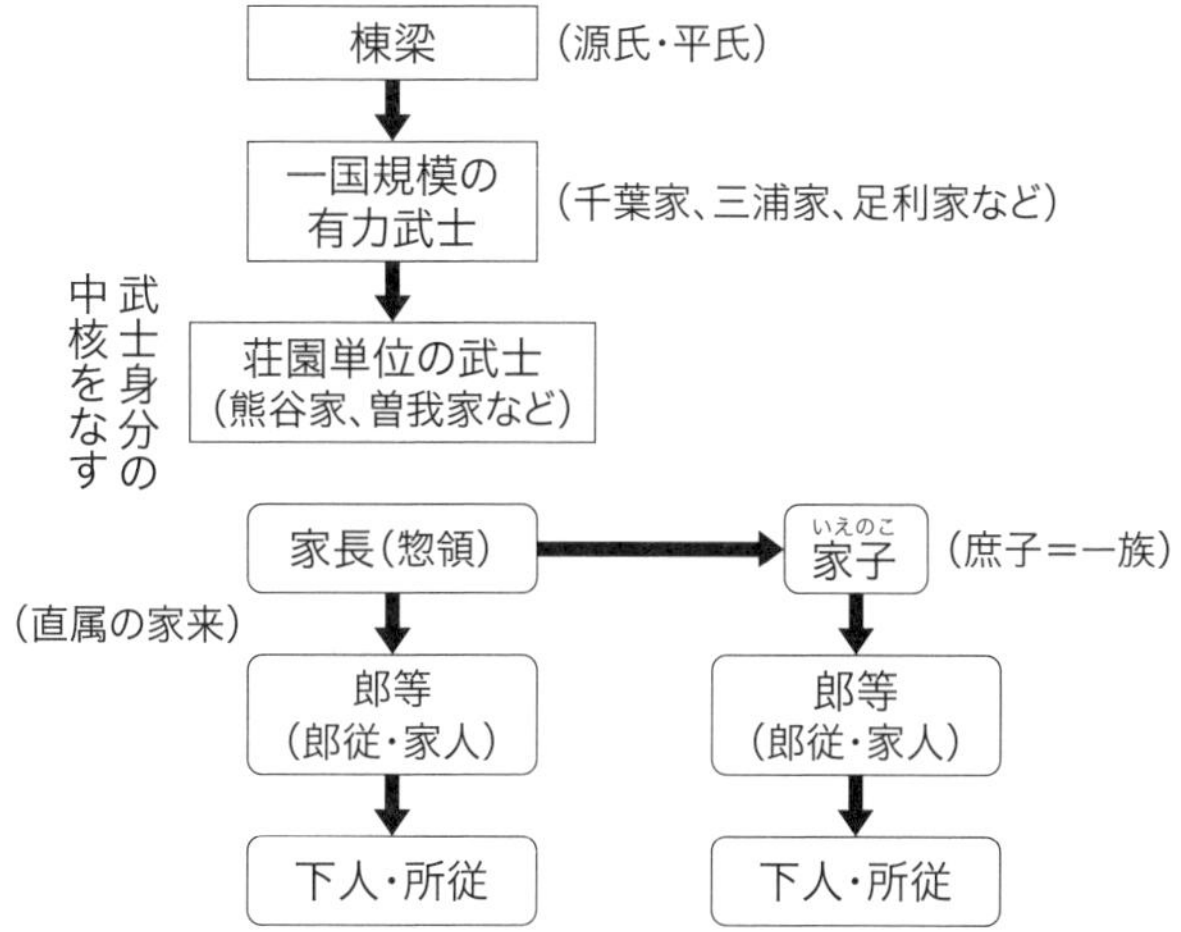

武士の棟梁《とうりょう》の出現

三浦義明は、地方の有力者で終わることで満足しなかった。かれは中央とのつながりを求めて清和源氏の嫡流（河内《かわち》源氏）の源義朝《よしとも》の配下となった。為義《ためよし》（義朝の父）と義朝のときに清和源氏は、三浦氏、千葉氏、上総《かずさ》氏などの関東の有力な武士を組織して強大な武力を保有するようになった。

これとともに桓武平氏の嫡流（伊勢平氏）も、平忠盛《ただもり》、清盛父子の時代に伊勢や西国の有力な武士団をいくつか配下におさめた。

複数の有力な武士団を束ねた源氏と平氏の嫡流は、当時の人々から（武士の）「棟梁」と呼ばれた。このような軍事貴族の桓武平氏、清和源氏の拡大が、あとで説明するような経緯（五章）で、武家政権の時代をもたらすことになる。

大開墾の時代に、村落の小領主である地方の武士は、勢力を大幅に拡大し、自領で独自の法を定めて治める自立した領主に成長した。そうであってもかれらは、次のようなことを十分に理解していた。

「中央の技術、文化を取り入れたおかげで、現在の自分たちの繁栄《はんえい》がもたらされた」

そのためかれらは中央とのつながりを求めて皇族、貴族、寺社などの都の荘園領主や、中央につらなる国府にしたがった。このようなすべての自立した小領主が荘園領主と国府の支配下におかれる支配が、「荘園公領制」である。

形のうえですべての小領主が、荘園と公領を介して天皇の指導のもとにおかれたのだ。だからこの時代にようやく「天皇が日本の君主である」という概念が現実のものとなった。それは同時に小領主たちが、天皇によって権威づけられた、朝廷、寺社勢力、武家政権のいずれかにしたがう、「権門体制」の成立を意味するものでもあった。

次章では、荘園公領制や権門体制をもたらした、領域型荘園の実情をみていこう。

4 多様化する荘園の「経営」は、どうおこなわれたか

最盛期の荘園

領域型荘園の領主が地方の武士に与えた利益とは？

急速な町の発展が京都を国内の文化、交通、商業の中心にした

一一世紀末から一二世紀末にかけての院政期に、国内の農地の約六割が、中央の有力者がもつ領域型荘園に分割された。そうであっても院や有力な貴族、寺社は、前からおこなわれていた国府の支配を否定できなかった。

古代豪族の流れをひく武士をはじめとする多くの武士（小領主）が、国府と密接に結びついていたからである。

中央の有力者と現地の領主との関係は、両者の取り決めにもとづく一対一の関係になる。そうなると自ずからより豊かな、中央の荘園領主が優位にたつことになる。

ところが中央の荘園領主（院など）とならび立っていた地方の国府は、地方の武士たちにとってより身近な存在であった。地方の領主は自分たちの代表を在庁官人《ざいちょうかんじん》として国府に送り込んで国府の政務に関与できた。

しかも受領の代理を務める目代《もくだい》の地位が名目だけのものになり、政務が在庁官人の合議

で運営される国も出てきた。

しかし中央の皇族、貴族、寺社と直接つながりをもつ荘園の武士は、中央の文化の恩恵をより受けやすい。このように荘園と公領の間には、一長一短があった。そのために、室町時代に入る直前あたりまで荘園と公領がならび立つ形が続いた。

周防国《すおう》（山口県南部・東部）のように、鎌倉幕府が任命した守護ではなく、国府が地域の政務の実権を握っていたところもあった。

上流貴族は、地方政治を受領に委ねた一〇世紀あたりから、その関心を主に独自の貴族文化（国風文化）の育成にむけた。しかし平安時代の貴族は、高度な文化を自分たちで独占しなかった。

これに対して同時代の中国、アラブ帝国、ヨーロッパなどの貴族は、閉鎖的な貴族社会をつくり、貴族文化を専有していた。

しかし日本の貴族は地方の庶民の文化に関心をもったうえで、庶民にも共有し得る文化をつくろうとした。そのため院政期に入ったあたりから、中央の贅沢《ぜいたく》な文化が地方の有力者に広まっていった。

それとともに京都の町では、院政期から多様な手工業が栄え、商人の活躍が目立つようになった。そのため地方から中央に送られた多様な商品や、京都の工芸品が、荘園や国府を介して各地にもたらされるようになった。

さらに朝廷は日宋貿易《にっそう》（南宋《なんそう》との貿易）を独占的に営み、中国の物品を輸入した。このあと絹織物、陶磁器、漢籍、薬種などの高価な商品が、中央から地方に広がり始めた。

中央の大寺院の末寺の僧侶や、前にあげた春日《かすが》大社、日吉《ひえ》神社のような神仏習合《しんぶつしゅうごう》した神社の分社の社僧が、地方にさまざまな知識を広めた。

貴族政権は、ローマや中国の専制国家のように武力で各地を支配していたのではない。かれらは多様な技術、文化を広め、中央との商取引による利益を与えることを通じて、地方の武士たちを束ねていたのである。

日宋貿易で栄えた肥前《ひぜん》国神崎荘《かんざきのしょう》

平安時代後半に、地方と京都を結ぶ交通路が急速に整備された。これによって中央と地方の商取引が盛んになった。それとともに、僧侶などの知識人の往来も活発になった。

京都では安倍晴明《あべのせいめい》などによって、陰陽道にもとづく科学知識が深められていた。このような陰陽道の知識は、受領にしたがって任地に下った陰陽師《おんみょうじ》の手で、地方に広められた。

このような京都と地方との交流が、領域型荘園の拡大をもたらすことになった。荘園と中央との交流の実情をつかむために、肥前国（佐賀県と長崎県）神崎荘《かんざきのしょう》（神埼市、吉野ケ里町《よしのがり》）の例を取り上げよう。神崎荘は、筑紫平野の西部にある佐賀平野の豊かな農地につくられた。そこは九世紀に勅旨田《ちょくしでん》（九世紀前半を中心に開発された皇族の領地）として開発された六九〇町の農地から出発した。

さらに低湿地の開発で、一一世紀はじめ頃に三〇〇〇町の水田をもつ荘園に発展した。そしてこの神崎荘を相続した白河院（のちに鳥羽院）が、平正盛《まさもり》に神崎荘の管理を委ねた。長承《ちょうしょう》二年（一一三三）に、神崎荘の海岸に宋の商船が来航した。これを知った朝廷の外交部門を担当した大宰府《だざいふ》の役人が、交易のために神崎荘を訪れた。ところが、平忠盛（正盛の後継者）が平氏の武力と院の権威を背景に、大宰府《だざいふ》の介入を退《しりぞ》けた。

この事件をきっかけに、神崎荘が日宋貿易の一つの拠点となった。そして貿易の利益の多くは院のものとされた。このあと平忠盛は、神崎から福岡平野の入口の岩門《いわと》を経て博多港にいたる交易路をひらいた。

この交易路は、平氏の家人《けにん》（家来）にあたる大蔵《おおくら》（原田）種直《たねなお》が岩門の地を支配していたおかげでできたものだった。筑前《ちくぜん》の在庁官人の子孫にあたる種直はこれ以前に、筑前の有力な武士団の長に成長して、平氏と結びついていた。

輸入品の交易に従事した神崎荘の住民は、大きな利益を得たと考えられる。平忠盛がくる前は盆地世界の範囲で物事を考えてきた神崎荘の住人が、商品を博多に送る仕事をきっかけに、瀬戸内海航路を用いた交易で博多を訪れる多様な地域の人間と交流するようになったのだ。

職《しき》の体系の中で「荘官」はどのような役割を果たしたか？

中央の有力者が職の体系をつくった

領域型荘園で図（86ページ）「院政期の領域型荘園」に示したような上下関係をもつ秩序がつくられた。日本中世史の研究者のなかに、このような関係を「職の体系」と呼ぶ者もいる。

多様な利権をもつ複数の人間が、一つの荘園にいた。そしてかれらがもつ利権が、古文書に「○○職」と表現された。荘園には上位の者から下位の者にいたる、さまざまな職（権利）が設定されていたのである。

領域型荘園を名目上領有した中央の有力者は、本家《ほんけ》とか本所《ほんじょ》とか呼ばれた。そして主に中流貴族から成る中央の下位の領主が、領家《りょうけ》であった。

自分の荘園を領有していた中流貴族が、保護を求めて自領の荘園を有力者に寄進することもあった。その場合、もとの荘園領主が領家になり、その上の有力者が本家とされた。

また有力な貴族や寺社が、中流貴族を地方に送って荘園を設定させることもあった。その場合は、有力者が本家とされ、そのもとで荘園設定の実務をおこなった者が領家となった。

さらに領家の中に、自分が京都で生活するとともに、預所《あずかりどころ》という使者を地方の荘園に派遣した者もいた。また領家に代わって、本家のもとの預所が支配する荘園もあった。この預所の勢力が拡大したあと、預所を務める中流貴族が京都に滞《とど》まり、荘園を預所代《あずかりどころだい》という使者や現地の武士に管理させる者も出た。

ここに記したような本家職《ほんけしき》などの職が、中央で荘園を領有する側の人びとになる。かれらは地方の荘園から得た利益を、荘園ごとの取り決めにしたがって分配した。

ここまで記したように、貴族層などから成る中央の荘園の職は、細かく分けられた複雑な体系をとっていた。しかし現地の職は、おおむね荘官《しょうかん》とその下の自営農民である名主《みょうしゅ》の区分だけで成り立っていた。

つまり「『職の体系』は主に、中央の貴族層などが荘園から利益を分配する取り決めのために定められたものであった」と評価できる。

荘官は領主か管理人か

年貢などの租税を支払う側が、荘官以下の職になる。この荘官の役割を明確に解説するのは難しい。多様な立場の荘官がみられたうえに、荘官の職名も荘園ごとにまちまちだからである。

平安時代末に広まった領域型荘園の荘官には、下司《げす》職、公文《くもん》職、田所《たどころ》職などの多様な名称が用いられた。また一部の地域の比較的有力な武士が荘官を務めたところでは、地頭《じとう》職の名称も使われた。

荘官全体を表わす「荘司《しょうじ》」という言葉もあった。そうであっても、「下司」などの職名を使わずに、荘官を荘司と呼んだ荘園もみられた。

「荘官は荘園となった村落を実質的に支配していたのであろうか。あるいは、荘官は自立した自営農民たちのまとめ役にすぎなかったのか」

この問いに、正確に答えるのは難しい。現地における荘官の立場が、荘園によってまちまちだからである。

古代豪族の流れをひく免田型《めんでんがた》荘園の荘官の、住民に対する指導力は、比較的強かったらしい。かれらは村落の守り神である氏神《うじがみ》の祭祀《さいし》にあたり、積極的に住民の面倒をみた。

また有力貴族などの主導権で開発された荘園の荘官の中には、自立した農民と中央の仲介者にすぎない者もいた。

農民たちから租税を集めて領主に送るのが、そのような領域型荘園の荘官の主な役割であったと考えてよい。

備後《びんご》国太田荘《おおたのしょう》の荘官の収益

備後国（広島県の東部）の太田荘（世羅《せら》町）は、京都から移住した橘《たちばな》氏が開発した土地をもとに発展した六一三町（約七・四平方キロメートル）の規模をもつ荘園であった。

橘氏は保護を求めて自分の領地を中央の有力者に寄進した。そしてその荘園は、いくつかの領主（本家）の支配を経たのちに、一二世紀なかばに、後白河《ごしらかわ》上皇の院領となった。

現地の橘氏が下司として、本家の後白河院の支配のもとで荘園を管理することになったのだ。このあと荘官が、橘氏から三善《みよし》氏に変わった。そして三善氏の手で、太田《おおた》荘は太田方《がた》と桑原方《くわばらがた》に分割された。

この中の桑原方の農地三〇〇町（約三・六平方キロメートル）を管理したのが、下司の桑原方三善《みよし》家（氏）であった。

かれらが本所から、次のような給付を受けたと記録されている。桑原方の中の五三町が桑原方三善家の私領とされた。そのうえで桑原方三善家は、私領以外の農民たちから一段（一斗二升ほどの収穫がある）の農地について五升五合の租税（中央に送る年貢や一国平均役〈134ページ〉を含む）を徴収する役割を与えられた。

地方の新興豪族の領地の流れをひく荘園では、現地の荘官がかなり多額の報酬を得ていたのであった。

荘園の本所となった皇室や有力な貴族、寺社は、名目上は広大な荘園群を保有していた。しかしその中には、太田荘のような地方豪族の流れをひく武士の私領に近いところも少なくなかったのだ。

なぜ荘園領主は、年貢以外に現地の特産品を徴収したのか？

名《みょう》に区分されていた荘園の農地

領域型荘園が広まったあたりから、荘園の農地は「名」という単位に細かく区分されるようになった。そしてこの名ごとに租税の額が定められることになった。

荘園領主が設けた以下に記すような「名」は、平安時代中期（一〇世紀）に受領が置いた「名」とは別のものであった。受領は個々の荘園ていどの範囲を「名」として把握して、そこから徴税した。

しかし中世（平安時代末）以後の荘園では、個々の自営農民の所有地が一つの「名」とされた。平安時代中期の区分より、はるかに細かい区分がつくられたのだ。

中世の荘園では、名（一定の広さの農地）の保有権が「名主職」として扱われた。つまり農民たちは自分の農地を、他者に侵害されることなく自分の子孫に継承していく権利を認められたのだ。

名の広さは荘園ごとにまちまちであったが、一個の名の平均的な広さは二町（約二・四ヘクタール）前後であったらしい。そうすると一つの名からの収穫量は、二〇石前後ということになる。

大和国《やまとのくに》（奈良県）の池田荘《いけだのしょう》（奈良市の池田町）には、荘園の田地を二町前後に分割した一一の名がみられた。若狭国《わかさのくに》（福井県西部）の多良荘《たらのしょう》（小浜市《おばまし》）の名の広さも、一町から三町ていどであった。

平安時代末の各地で中央の有力者の主導で、農民が集められて原野の開墾がなされた。そのあとできた荘園の新たな農地は、開発の現場で働いた農民たちに均等に分配されたのであろう。

このようにして、二町前後の広さをもつ自営農民の「名」が各地に広まった。平安時代中期には、「大地は国魂が保有するみんなの土地である」とする意識が残っていた。だから受領が認めた徴税の単位の「名《みょう》」の持ち主でも、なんらかの失策がもとで農地を失う。しかし、院政期の「名」はこれと違う新たに開墾した農地を分け与えられた農民が、その土地に対して「名主職」と呼び得るほどの確かな所有権を保有するようになったのだ。

名主とされた農民が、自分の領地の一部を他者に預けて小作（他人の土地を借りて農業を営むこと）させることも起こった。中世には小作人は「作人《さくにん》」と呼ばれた。

そして、作人が長期にわたって小作した借地には、「作職《さくしき》」という小作の権利を子孫に継承していくことを認める「職」が与えられた。

さらに「作職」をもつ作人から土地を借りた者が下作人《げさくにん》と呼ばれた。この下作人という農民に、「下作職《げさくしき》」という小作の権利を子孫に伝える「職」が生じる場合もあった。

荘園ごとに異なる年貢の額

中世の中央の荘園領主は「名」を単位に、農民に年貢という租税をかけていた。この年貢には荘官の取り分や、あと（134ページ）で記す一国平均役なども含まれていたらしい。

貴族や寺社が開発した荘園の年貢は、おおむね米の収穫量の二〜三割であったとみられる。しかし、収穫量の七割の年貢を取った荘園があったという記録もみられる。

そういったところの農民は、稲作にたよらず、なんらかの副業でかせいでいたのかもしれない。これとは反対に、古代豪族の領地をもとにつくられた、少額の年貢しか払わない荘園もあった。

海運が使える瀬戸内海周辺や九州の武士たちは、米を年貢として京都に送っていた。

それとは別に、米以外の特産物を年貢とした荘園もみられた。美濃《みの》（岐阜県の中部・南部）や尾張《おわり》（愛知県西部）には、特産物の絹織物を納める荘園が多くみられた。また越後の豊田荘《とよたのしょう》（新潟県新発田《しばた》市）が、年貢として真綿を納めていたという記録もある。

荘園領主が年貢のほかに、「公事《くじ》」という雑税を課した荘園もあった。丹波《たんば》国（京都府中部と兵庫県中東部）の大山荘《おおやましょう》（篠山《ささやま》市）から領主の東寺《とうじ》（京都市）に、栃《とち》・甘栗《あまぐり》・生栗《なまぐり》・串柿《くしがき》などのさまざまな食品が送られていた。また同じ東寺領の伊予《いよ》国（愛媛県）の弓削《ゆげ》島（上島《かみじま》町）からは、牡蠣《かき》・わかめなどの海産物が輸送されていた。

東寺は、僧侶たちが日常用いる食品を、公事の形で調達していたのだろう。しかし荘園領主が、無償で公事を徴収していたのではあるまい。領主の側から荘園の住民に、公事に対するなんらかの形で返礼品が送られていたのであろう。

次章では、平氏政権に始まる武家政権と荘園の関係をみていこう。

5

「武家政権」がおこなった荘園支配の新しいかたちとは

変容する荘園

保元《ほうげん》の乱《らん》の後、後白河天皇はなぜ荘園整理をもくろんだのか？

「武者の世」の始まりとなった保元の乱

鳥羽院は広大な院領の荘園を支配するとともに、知行国制《ちぎょうこくせい》（97ページ）をつうじて公領にも強い影響を及ぼした。かれはまさに、こう評価するのにふさわしい権勢を確立したのだ。

「鳥羽院が、国内の主要な農地を把握した」

それとともに鳥羽院は、思いのままに摂政、関白の人事をおこなった。そのため鳥羽院政のもとの摂関家の藤原忠実《ただざね》、忠通《ただみち》の父子は、院の近臣の一員とほとんど変わらない立場に置かれた。

「律令」の「天皇が国内のすべての農地を支配する」という原則は、机上《きじょう》の空論《くうろん》にすぎなかった。これに対して鳥羽院は、同時代の社会の実情に合わせた形で、皇室の全国規模の支配を実現した。

しかし鳥羽院の逝去《せいきょ》によって、いったん頂点にまで昇りつめた皇室の権威が、一気に下り坂になった。歴史が院の全盛から、武家政権への流れに変わったのである。

この転換をもたらしたのが、「鳥羽院が播《ま》いた紛争の種子」とでも呼ぶべき要因であった。そのことが原因で、保元の乱（一一五六年）という大きな転換点となった事件が起こったのだ。

形のうえでは保元の乱は兄にあたる崇徳《すとく》上皇と、その弟の後白河天皇の皇位争いの形をとっていた。この両者が自派の軍事貴族（武士）を用いて、武力衝突を起こしたのである。

都の中で二派の武士が合戦をする事態は、平安遷都以来、前代未聞の出来事であった。それまでの貴族社会の政争は、武力を用いずにおこなわれてきた。しかし保元の乱が、「強い者勝ち」となる政権抗争の前例をひらくことになってしまった。

それゆえ僧慈円《じえん》は『愚管抄《ぐかんしょう》』という歴史書に、保元の乱から「武者の世」が始まったと記した。

一部の武士たちを重用していた藤原頼長が、保元の乱の原因をつくった

鳥羽法皇は、前々から自分の長子にあたる崇徳《すとく》上皇を疎《うと》んじていた。そして崇徳上皇の次の近衛《このえ》天皇が若くして亡くなったあと、後白河天皇をたてた（83ページ系図参照）。

桓武平氏系図

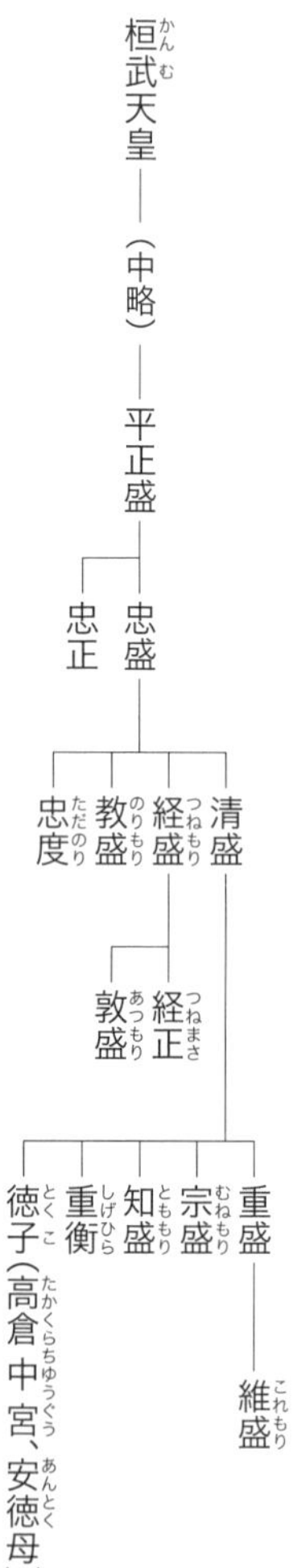

そのとき貴族の間では、「崇徳上皇の皇子の重仁《しげひと》親王が皇位を嗣《つ》ぐのが妥当だ」とされていた。そのため崇徳上皇は鳥羽院を大いに怨んだ。このときにたまたま鳥羽院の専横に反発していた人間が、もう一人いた。関白・藤原忠通の弟の頼長《よりなが》である。

この藤原頼長は漢籍や政務に通じており、兄より下位の左大臣でありながら政治の実権を握ってきた。ところが「愛宕《あたご》神社（京都市）の神域の愛宕山《あたごやま》で近衛天皇を呪咀《じゅそ》した」という濡《ぬ》れ衣《ぎぬ》をきせられて、退けられた。

藤原頼長は理屈っぽい嫌みな人間であったが、不思議なことに一部の武士に好かれた。源為義《ためよし》、平忠正《ただまさ》などの思い通りに昇進できない武士が、

「頼長にしたがってその引き立てで、よい官職につきたい」

と考えて集まってきたためだ。

上流貴族には乱暴な武士を嫌う者がいたが、好奇心に富んだ頼長は、武士とも分け隔てなく交際してきた。そのため頼長が失脚したあと、かれの取り巻きの武士たちが、

「左大臣さまが政権に復帰されるおつもりなら、いつでも力を貸します」

といって頼長の機嫌取りを始めた。

清和源氏系図

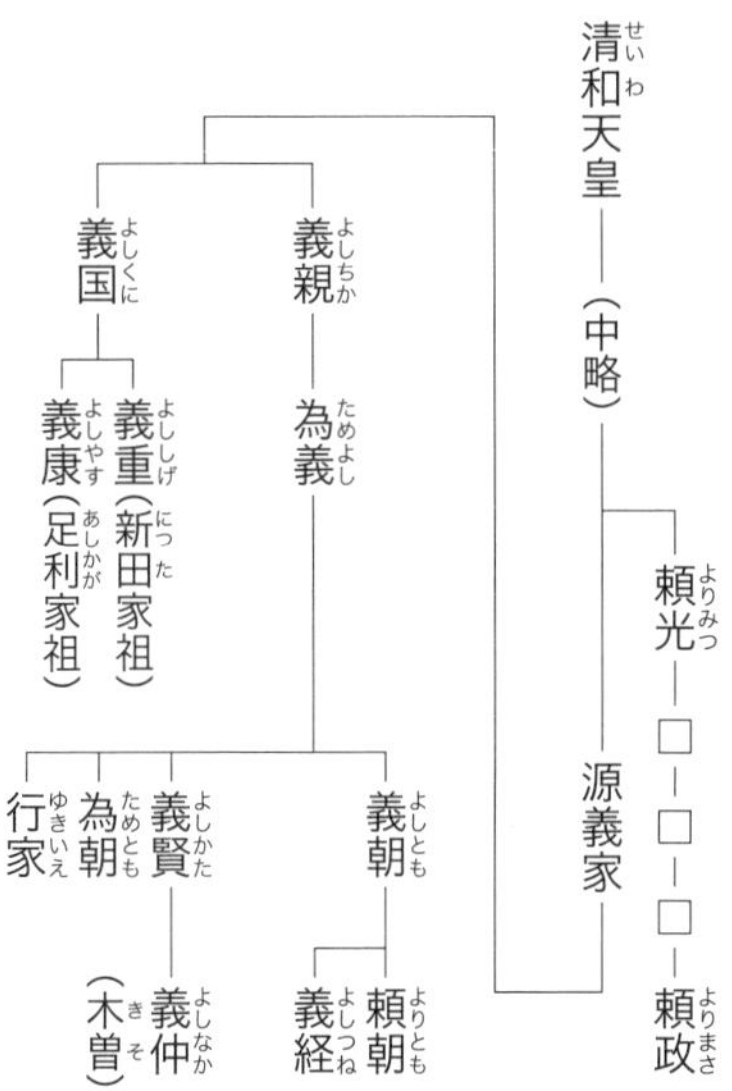

死期が近いことを知った鳥羽院は、自分の没後の万一の事態に備えてあらかじめ手を打っておいた。武家の棟梁《とうりょう》の源義朝らに後白河天皇の警備を命じたのだ。

鳥羽院は、藤原頼長の取り巻きが、反乱を起こす事態に備えようとしたのだ。しかし軍事貴族（武士）たちは、よい機会が訪れたと考えた。

「ここで合戦が起これば、その手柄

で大きく出世できる」

崇徳上皇が鳥羽院の没後、有力な軍事貴族を恐れておとなしくしていればよかっただろう。しかし後白河天皇の側近に、僧信西《しんぜい》という知恵者がいた。

この信西は「崇徳上皇を都に置いておくと天皇政治の障害となる」と考えた。

そこで信西は武家のもう一方の棟梁の平清盛を味方に引き込むとともに、崇徳上皇と藤原頼長の二人をあれこれ挑発した。そのため、上皇と頼長が耐えきれずに、武士に声をかけて挙兵したというのが、この乱の真相に近いだろう。しかし上皇方には有力な武士がおらず、上皇方の武士の数は、数十騎から一〇〇騎ていどにすぎなかった。

十分な兵力をもたない崇徳上皇が籠《こも》る白河北殿《しらかわきたどの》に、六〇〇騎の天皇方の軍勢が夜襲をかけた。これによって上皇方は、あっさりと敗れた。

大掛かりな兵力を用いたヨーロッパやイスラム圏の政争を知る研究者は、このような評価をとる。

「保元の乱やそれに続いて起こった平治《へいじ》の乱は『小規模なクーデター』にすぎない」

このあと、後白河天皇の親政が始まった。しかしかれの政権は、軍事貴族の支えなしには成り立たないものになっていた。

最後の荘園整理となった「保元の新制」

後白河天皇の親政を主導したのが、天皇の乳母の夫にあたる僧信西であった。信西は、まず死刑の復活を唱えた。かれは自分が保元の乱を起こしておきながら、クーデターの再発を避けるために、軍事貴族を脅《おど》したのだ。

「都の中で武力を用いる者は、容赦なく死刑にする」

このことを知らしめるために、かれは、保元の乱で上皇方についた源為義、平忠正などの武士に次々に死刑を科した。

このあと信西の主導で、「保元の新制《しんせい》」という七か条の法令が出された。それは主に、荘園整理と寺社の違法行為の取り締まりから成るものだった。

この「新制」の冒頭の第一条には、次の文章が記されていた。

「九州（日本全土）は一人《いちにん》（天皇）の保《たも》つところなり」

保元の新制は、日本じゅうが皇族や有力な貴族、寺社の私領に分割されていたこの時期に、あえてすべての土地が天皇の持ち物だと唱えたのだ。この考えは「律令」の「王土《おうど》思想」（国土を天皇の持ち物とする考え）に拠《よ》るものだった。

「保元の新制」の荘園整理のために、記録所《きろくしょ》がおかれた。この記録所は公卿《くぎょう》の干渉を受けない、天皇直属の独立の機関とされた。記録所の長官には、藤原公教《きんのり》が任命された。公教は政務に通じた清廉《せいれん》な人物として知られていた。

しかしこのときの記録所の職務は、後白河天皇即位後にできた荘園の調査に限られた。「保元の新制」では、白河院と鳥羽院の時代に公認されていた荘園を、保護、認可する方針がとられたのだ。

その意味で、こう評価される場合もある。

「『保元の新制』は、貴族、寺社などの荘園がならび立つ現状に、ほとんど手をつけられなかった」

しかしこのとき、天皇があらためて既存の荘園を認可した意義は大きい。その行為が、中央の荘園領主たちに、このような事実を周知させることになったのである。

「荘園領主は、天皇が治める国内の土地の一部を天皇の認可を受けて支配する者にすぎない」

この考えによって朝廷は、荘園と公領の両方に奉仕を要求して、内裏《だいり》（御所）を復興した。そしてこの先例にならって、一国平均役《いっこくへいきんやく》が一つの租税として扱われるようになっていった。

一国平均役とは、もとは大嘗会《だいじょうえ》、伊勢神宮の遷宮《せんぐう》、内裏の再建などの国家的行事をおこなう経費をまかなうための臨時の課税であった。長暦《ちょうりゃく》三年（一〇三九）に火災にあった内裏の再建のときに徴収された臨時の租税が、最初の一国平均役であった。そのあと何度か、一国平均役の徴収がなされた。それらは、たてまえのうえでは、すべての荘園、公領に課すものとされた。

しかし受領に一国平均役の徴収を担当させたために、一国平均役を払わない有力な荘園領主もみられた。

後白河天皇親政期から、一国平均役のときに朝廷が「宣旨《せんじ》」という命令書を発する形で天皇の強権を発動した。「宣旨」の権威を背景に、荘園からも一国平均役を集めるようになったのだ。「宣旨」に背《そむ》く者は、「朝敵《ちょうてき》」とされる。

ゆえにこのように評価できる。

「『宣旨』による一国平均役の徴収は、新たな形の天皇支配をもたらした」

形式のうえで、すべての荘園と公領が、一国平均役を納めることによって天皇に奉仕する形がつくられたのである。

このような一国平均役の徴収による天皇の荘園と公領の双方への支配の開始によって、

「『荘園公領制』が最終的に完成した」とする説もある。

「保元の新制」にもとづく荘園整理は、結果的には最後の荘園整理となった。朝廷がこれから間もない一二世紀末あたりから、貴族、寺社などの荘園を保護する方向に転換したためである。

源頼朝が荘官の任命権を得たことは、なぜ画期的だったのか？

配下の武士を地頭にした平氏政権

後白河天皇は、息子の二条《にじょう》天皇に譲位して院政を始めた（一一五八年）。しかしその翌年、貴族層の勢力争いが原因になって、軍事貴族の抗争が起こった。

後白河院の近臣の藤原成親《なりちか》が僧信西を倒すために、源義朝と結んで挙兵したのだ。これが平治《へいじ》の乱（一一五九年）である。源義朝は信西をとらえて殺したが、平清盛に敗れた。

これによって源氏はいったん滅び、唯一の武家の棟梁となった平清盛が、朝廷に強い影響力を及ぼし始めた。清盛は形のうえでは後白河院をたてたが、地方の武士を上手に組織して勢力を拡大していった。

平氏の地頭設置の意味

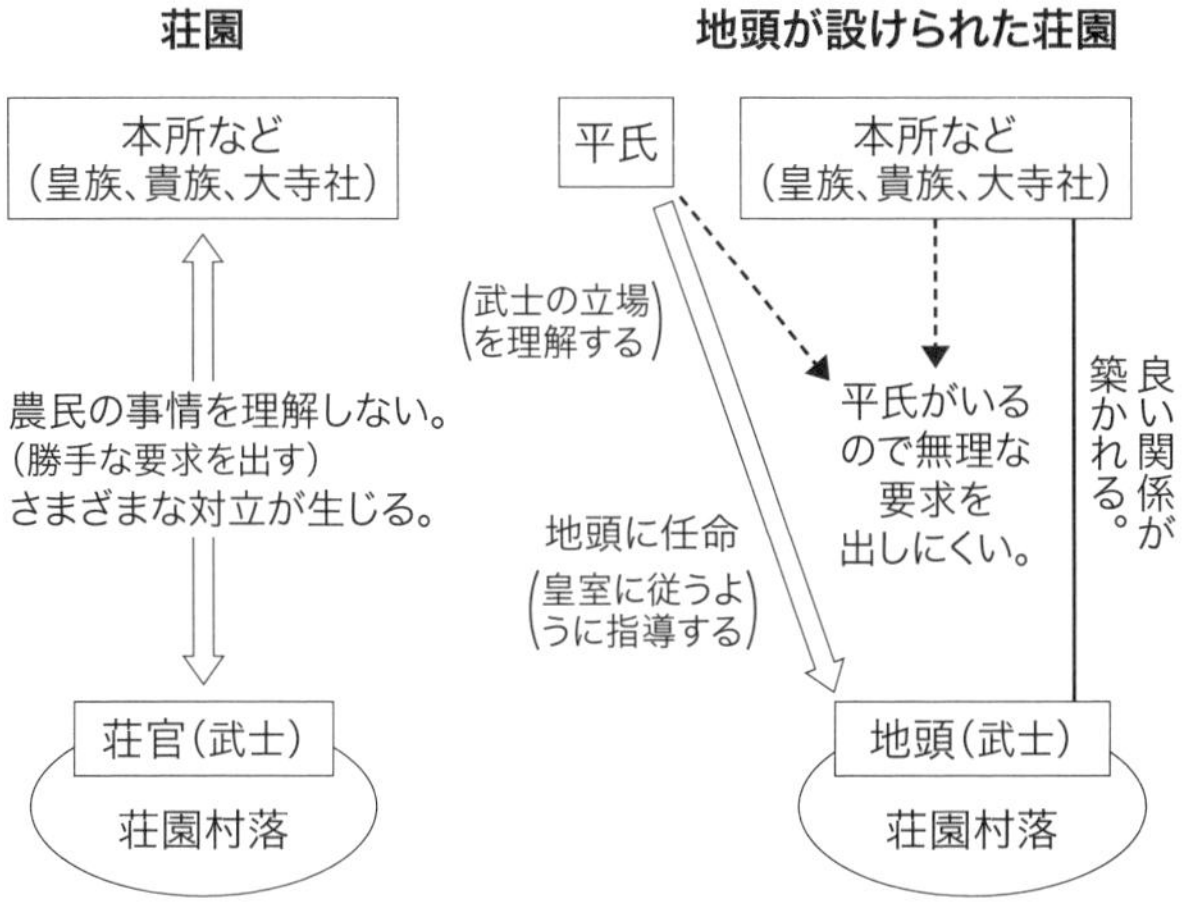

平氏は配下の武士を交代で、御所を警備する大番《おおばん》の役につけた。それとともに、地方の荘官たちを「地頭《じとう》」に任命した。この時代の地頭の職務や権限は荘園ごとに異なっていた。それでも、平氏の家人《けにん》とされた地頭に対して、中央の荘園領主が、余計な干渉ができなくなった意義は大きい。

このほかに平氏は意欲的に日宋貿易をおこない、「宋銭《そうせん》」と呼ばれる中国の銅銭を大量に輸入した。平氏の時代に対外貿易が急速に拡大したが、平氏が保有する動産をふやすだけのかれらの行為は、荘園制にたつ社会に転換をもたらすものではなかった。

平氏は大筋では、院や上流貴族にならった政策をとった。平清盛は平氏一族を多くの国の知行国主にして、公領を支配した。それとともに平氏は、各地で大規模な土地開発をおこない広大な荘園をつくり、そこを領有した。

このような平氏は上流貴族をまねて、贅沢な生活を送った。それとともにかれらは宮廷の作法と貴族文化を身につけ、すすんで上流貴族と交流した。平維盛《これもり》は舞い、平経正《つねまさ》は笛の名手として知られた。平忠度《ただのり》は熱心に和歌を学んだ。

さらに平清盛は娘の平徳子《とくこ》（建礼門院《けんれいもんいん》）を高倉《たかくら》天皇の中宮にして、彼女が産んだ安徳《あんとく》天皇を皇位につけた。これは、摂関家を見習った行為であった。

平氏は朝廷の先例を破壊して、武家の棟梁として武士のための新たな政治を志向する方向をとれなかった。ゆえにかれらは、上流貴族の一員として生きざるを得なかった。

しかし上流貴族の地位は、皇室によって保証されたものにすぎない。だから平氏政権は、後白河法皇との対立をきっかけに急速に崩壊した。

後白河法皇が平氏の権勢を抑える策をとり始めたので、平清盛は軍勢を引き連れて院に乗り込み、法皇を幽閉《ゆうへい》した（一一七九年）。

多くの貴族や武士が、平氏のこの行為に反発した。そのため法皇の意を受けた以仁王《もちひとおう》が、平氏追討の令旨《りょうじ》（命令書）を発した（一一八〇年）。そしてこれを受けた各地の源氏の人びとが挙兵した。

このあとの長期の戦いを経て、平氏は滅んだ（一一八五年）。平氏を倒して政権を握った源頼朝は、武士のための新たな政策を展開した。次項に記すように荘園の性格はその動きによって大きく変わっていった。

荘園制の転機となった「寿永《じゅえい》二年十月宣旨」

源氏と平氏の戦いが繰り広げられる中で、朝廷は源頼朝に「寿永二年十月宣旨《せんじ》」という命令書を発した。日本中世史の研究者の多くは、これを、画期的な出来事と評価している。その宣旨が出されるまでの経緯を、簡単に記しておこう。以仁王の令旨を受けた源頼朝は、妻の父である北条時政《ときまさ》らの協力を得て治承《じしょう》四年（一一八〇）一〇月に挙兵した。

頼朝はいったんは平氏方の大庭景親《おおばかげちか》に敗れるが、安房《あわ》（千葉県南部）に逃れて力を蓄えた。そして頼朝は多くの関東武士をしたがえて鎌倉に入り、そこに拠点を置いた。これに対して平氏は平維盛の遠征軍を送った。ところが、頼朝が富士川の合戦で維盛を破った。

戦いのあと源頼朝は維盛を追って京都を目指そうともくろんだが、関東の主だった武士の反対をうけて鎌倉に戻った。源頼朝はこの帰途の途中に、相模《さがみ》国（神奈川県）の国府で論功行賞《ろんこうこうしょう》をおこなった。

それは敵方の武士の荘官としての地位（所職《しょしき》）を奪い、源氏方の人びとに分け与えるものであった。所職とは、荘園の下司職《げすしき》や公領の別名の郡司職などをさす。

しかし荘園や公領の別名の村落の土地は、本来は現地を支配する小領主が先祖から相続したり、自ら開発したものであった。またかれらを所職に任命したのは、天皇が権威づけた中央の荘園領主と各地の国司であった。

源頼朝は、このとき敗者から強引に領地を奪い、その土地を勝手に配下の武士に与えたのだ。そして領主の交代の事実を人びとに知らしめるために、天皇の許可なく自派の武士を所職に任命した。

頼朝のその行為は、「関東を中心とした源氏方の勢力圏の土地に、新たな政府をたてる」のに等しいふるまいであった。それによって、源氏の占領地は、この時点で天皇の支配から切り離されたことになる。

このあと信濃（長野県）で挙兵した木曽《きそ》（源）義仲《よしなか》が、頼朝に先んじて京都を征圧した（一一八三年七月）。しかし信濃の中の辺地の木曽谷《きそだに》育ちで、朝廷の作法に通じていなかった義仲は、まもなく院近臣たちと対立し始めた。

こういった動きを知った源頼朝は、その年の九月頃から朝廷と接触し、法皇に接近した。かれは、「私が占領する関東にも国司を派遣してください」と申し入れた。それは、「私は法皇の味方です」と主張する行為であった。

このとき頼朝は、関東から以前と同様に年貢を納めることも約束した。そこで後白河法皇は「頼朝を味方に引き込んで、かれに木曽義仲を討たせよう」と考えるようになった。

そのために法皇は一〇月になってから、頼朝の要請に応じる形で、頼朝あてに「寿永二年十月宣旨」を発した。それは、次のような内容のものであった。

「東海道と東山道の荘園と公領を、荘園領主（領家）と国司にしたがわせて今回の争乱以前の先例にしたがって年貢を納めさせるようにせよ。もしもこの命令にしたがわない者がいれば、頼朝が院庁の命令にもとづいて処置せよ」

この宣旨に、次のような内容が書かれていない点に注目したい。

「争乱以前に、荘官や別名の小領主であった者の地位を保証せよ」

京都の朝廷や荘園領主、国司にとって、誰が荘官であっても、誰が別名の小領主であってもかまわなかった。長期の内乱に苦しむかれらは、中央に年貢が入ってくるだけで満足したのだろう。だから源頼朝の働きかけによって、占領地の武士たちが年貢を送るようになることは、歓迎すべきこととみたのである。

しかし別の見方をすれば、「寿永二年十月宣旨」は、頼朝にかれの占領地の所職の任免権を与えたものとなる。そして源平争乱が終わったのちには、日本じゅうが源頼朝の占領地のようになった。

つまりこのときの宣旨によって、中世のこのような常識がつくられたことになる。

「将軍は、所領に関する権利を『御恩《ごおん》』として御家人に与える指導者である」

鎌倉幕府の守護・地頭の設置が、荘園を変質させた事情とは？

源頼朝が地頭職を恩賞にする

後白河法皇は「寿永二年十月宣旨」を発したあと、源頼朝に木曽義仲と平氏を討たせようと考えた。そのため頼朝は、法皇の意向にしたがって、弟の源範頼《のりより》と源義経《よしつね》が率いる軍勢を派遣した。

このあとかれらは、京都の入口にあたる宇治と瀬田で木曽義仲の軍勢を破って入京した。源義経は、鞍馬寺《くらまでら》（京都市）で育ち、朝廷の作法を学んだ上品な人物であった。そのおかげで、義仲を破った源氏の軍勢は都の人びとから大いに歓迎された。

源氏に平氏討伐を命じられた源氏方は、一の谷（神戸市）の合戦（一一八四年二月）で平氏の軍勢を破り、かれらを西国に追った。平氏の脅威を除いてくれたことに感謝した後白河法皇は、平氏から没収した「平家没官領《へいけもつかんりょう》」と呼ばれた五〇〇か所の荘園を、源頼朝に与えた。これはのちに、「関東御領《かんとうごりょう》」という鎌倉幕府の領地とされた。

それとともに朝廷は、三河（愛知県東部）・駿河（静岡県東部）・武蔵（東京都・埼玉県の大部分と神奈川県北東部）の三国を源頼朝の知行国とした。頼朝の知行国は、のちに九か国にふえた。その九か国は、「関東御分国《ごぶんこく》」という鎌倉幕府の所領とされた。

この時点で源頼朝は、公領を支配する知行国主であるとともに、広大な領地をもつ荘園領主となったのだ。頼朝は、思いのままに配下の武士を自分が治める公領と荘園の郡司職、下司職などに任命できるようになった。

かれは軍事力を用いて、院やかつての平氏と同じ立場にのし上がったのだ。しかし間もなく頼朝は、武家の棟梁として、よりすすんだ形で武士たちを支配する方向を目指し始めた。

一の谷の合戦のあと、かつて平氏の本拠地であった伊賀と伊勢の二国（三重県）で、平氏の残党の大掛かりな反乱が起こった（一一八四年七月）。源義経の軍勢が鎮圧に向かったが、戦闘は長引き一か月以上にわたる戦いとなった。

この翌年（一一八五年）の六月になって源頼朝は、この戦いの論功行賞をおこなった。反乱に加わった武士の所職の多くが没収された。そのため頼朝はその所職に相当する地位を、「地頭職」の名称に改めて源氏方の武士に与えたのだ。

所職はこれまで多様な名前で呼ばれていたが、頼朝は自分が授ける所領の名称を「地頭職」に統一したのだ。そのことによって武士たちに、頼朝が「中央の貴族、寺社などではなく、自分が源氏の勢力圏の所職の任免権をもつ」ことを示したのである。

この伊賀、伊勢の反乱のあとで置かれた地頭が、「荘郷地頭《しょうごうじとう》」と呼ばれることもある。その名称は、このあと設けられた「国地頭《くにじとう》」（次項で解説）と区別するためのものである。

鎌倉幕府が確立したあと、このような慣行がつくられていった。

「鎌倉幕府は、源頼朝とそれに続く将軍たちが任命した地頭の地位を、責任をもって守る」

事実上の幕府成立を意味した全国規模での国地頭の設置

平氏は壇ノ浦《だんのうら》（山口県下関市）の合戦で敗れて滅んだが、そのあと源頼朝とかれの弟の義経の抗争が始まった。

　義経は平氏との戦いには勝ったが、安徳天皇を保護できずに、天皇を入水《じゅすい》自殺させてしまった。このことが、頼朝の不興《ふきょう》をかったらしい。そのため戦いのあとの頼朝の扱いに不満をもった源義経は、武力で頼朝を倒そうと考えた。かれは後白河法皇に頼朝討伐の宣旨を求めた。法皇は宣旨を出したが、義経に応じる武士はほとんどいなかった。

　そのため義経は京都を去り、あちこちさまよったあと、平泉《ひらいずみ》（岩手県の平泉町）の奥州《おうしゅう》藤原氏をたよった。源頼朝は義経が都から落ちのびたあと、北条時政に一〇〇〇人の軍勢をつけて京都に送った。時政は頼朝追討の宣旨を発した後白河院の責任を追及し、法皇に「守護《しゅご》・地頭設置の勅許《ちょっきょ》」と呼ばれる法令を出させた。

　それは、源頼朝に「国内のすべての武士を統制する権限」を与えるものであった。鎌倉幕府は、一国単位武士たちを統制する守護と、個々の荘園や別名を支配する地頭に支えられた政権である。しかし当時の確かな文献からみて、そのときに置かれたのは「国地頭《くにじとう》」の職だけであったらしい。

　国地頭がのちに、「守護」と呼ばれるようになった。そして源頼朝は、いわゆる「守護、地頭設置の勅許」が出される前から、地頭（荘郷地頭）の任命をおこなっていた。

鎌倉幕府の支配の構図

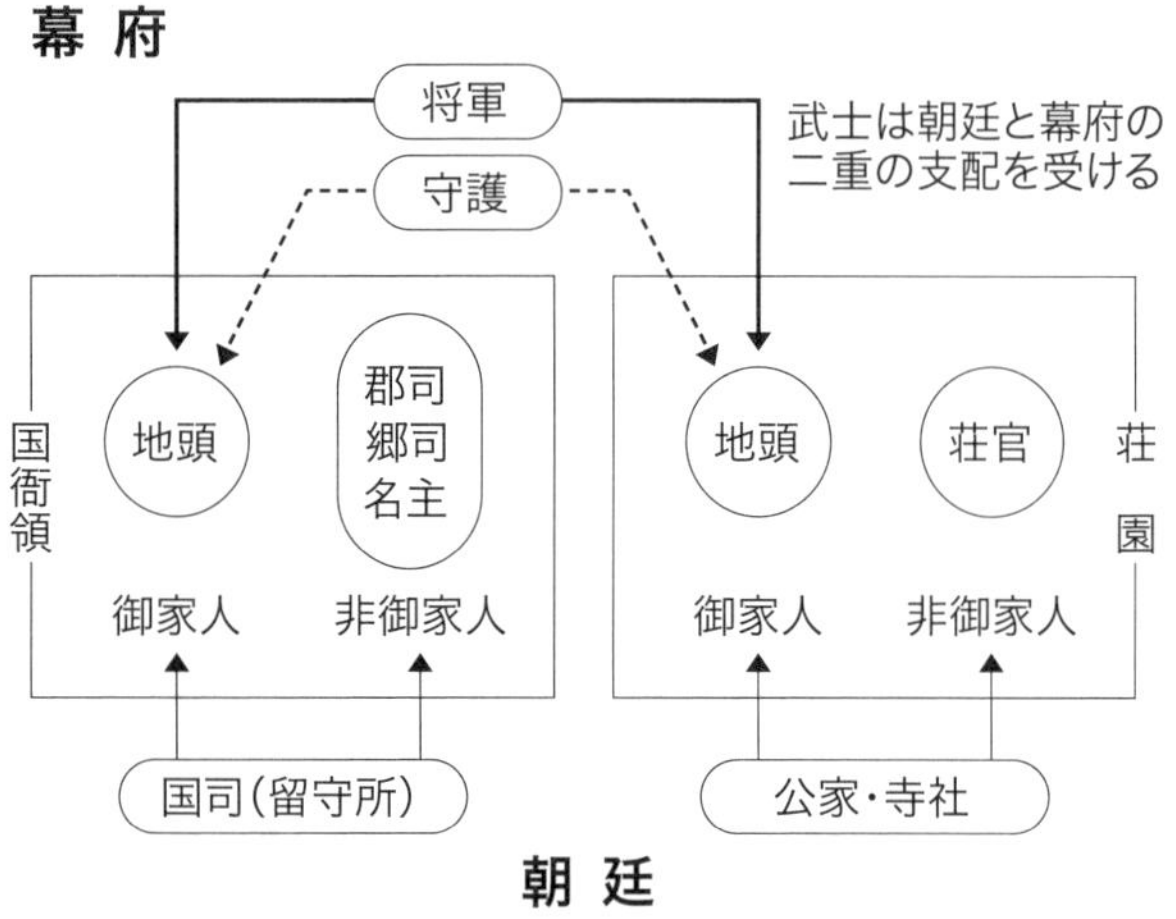

近年の研究によって、国地頭は源義経を討伐する軍勢の指導官とするために置いた職だと考えられるようになった。この国地頭は、惣追捕使《そうついぶし》（指揮官）として一つの国の中の武士を動員する権限をもっていた。そしてそれに伴った形で、荘園と公領の一反（一石の収穫がある）の田地から五升ずつの兵糧米《ひょうろうまい》（軍事行動のための食料）を徴収できた。

しかし実際には、大量の兵糧を必要とする源義経との大掛かりな戦いは起こらなかった。そのために国地頭の役割は縮小され、「大《だい》犯三《ぼんさん》箇条《かじょう》」（京都大番役の催促と謀反人、殺害人の逮捕）の権限を行使する守護となった。

国地頭の設置によって、荘園領主たちは源頼朝が私的に置いた地頭の地位を、朝廷の公認のものとして扱わざるを得なくなった。国地頭が、一国の武士の指揮権をもっていたためである。

国地頭が任命される前には、地頭職をもつ源頼朝にしたがう御家人と、荘園や別名のさまざまな所職をもつ武士とが混在していた。しかしこのあと朝廷公認の一国の武士の指揮官である国地頭が、任地の御家人以外の有力な武士たちを御家人として幕府支配のもとに組織するようになった。

それによって、これまで下司職や郷司職となっていた武士が、地頭職をもつ武士に変わった。そして地頭となった武士は鎌倉幕府とのつながりを背景に、しだいに荘園領主や国司の支配から離れていく。

鎌倉幕府の成立をきっかけに、平安時代末に確立した荘園公領制は、しだいに変質していったのだ。

以前は、源頼朝が征夷大将軍に任命された一一九二年を、鎌倉幕府成立の年とする考えがとられていた。しかし近年は、国地頭が置かれた（守護、地頭の設置とする説もある）一一八五年が幕府の出発の年とされる。

幕府が国地頭（守護）を介して地頭を指揮する制度の成立が、鎌倉幕府が全国の武士の

１１８０―１１８４年　源頼朝↓私的に任命↓地頭（朝廷の公認なし）
１１８５年　幕府↓院の許可を受けて任命↓国地頭（守護）↓指揮↓地頭（この形の統制は朝廷の公認のもの）

統制権を握ったことを意味していたからである。

地頭の荘園支配を強めた「地頭請《じとううけ》」「下地中分《したじちゅうぶん》」とは？

承久《じょうきゅう》の乱《らん》のあと西国に地頭が広がった

各地に守護が置かれたが、守護職を務めた有力な武士が一国を実質的に支配できたわけではない。鎌倉時代はじめには、国府が在庁官人を介して一国の武士を指導しているところも少なくなかった。

朝廷と幕府の二つの政府が、ならび立っているようなありさまだった。村落の小領主である武士たちは、両者の中から自分に都合のよいほうを選んで、そちらにしたがっていた。

しかし承久の乱（一二二一年）によって、幕府と朝廷の力関係は一変した。戦いは朝廷の後鳥羽上皇らが、討幕の軍勢を組織して鎌倉に向かわせたことから始まった。ところが朝廷方の軍勢は、あっさりと幕府方の武士たちに敗れた。

幕府軍の指揮官を務めた北条泰時《やすとき》と時房《ときふさ》は京都に入り、乱の関係者を処罰した。そのあとかれらは、京都の六波羅《ろくはら》に留まった。

これによって朝廷を監視し、西国の御家人を監視する六波羅探題《たんだい》が置かれることになった。幕府は、朝廷方についた武士の、三〇〇〇か所ほどの所領をすべて没収した。

それらの多くは、畿内や西国にあった。幕府は、乱のあと乱で活躍した東国の武士に、没収した本拠地から離れた所職を与えて地頭とした。そのためこの時期に畿内や西国の地頭として、東国から移住する武士が多く出た。

伊豆《いず》国（静岡県東南部）田代《たしろ》郷（伊豆市）出身の田代家は、和泉《いずみ》国（大阪府西部）大鳥郷《おおとりごう》（堺市）の地頭となって和泉に移住した。相模《さがみ》国（神奈川県）の海老名《えびな》家（本拠は海名市）は、播磨《はりま》国（兵庫県南西部）矢野郷《やのごう》（赤穂《あこう》市）に分家を送った。このような移住者たちによって、東国の武士の慣行が西国に広められることになった。

それまでは貴族（公家）特有の習慣が、中流貴族の流れをひく西国の武士に根強く残っていた。しかし東国の武士が勢力を拡大していく中で、もとから西国の武士も、東国武士の質素で勇猛な生き方を見習うようになった。

平安時代後半あたりから東国の武士の間で、「弓馬《きゆうば》の道」などと呼ばれる武士特有の道徳が広まっていた。それは家族や領民を保護し、恥を知り、正直を重んじる生き方を説くものであった。

北条泰時は承久の乱のあと、「弓馬の道」をふまえた「道理《どうり》」にもとづく鎌倉幕府独自の法令を発した。このときかれが定めた「御成敗式目《ごせいばいしきもく》」(一二三二年)は、五一か条から成る簡略なものだった。それは平易な文章で書かれた、誰もが理解して守れる法でもあった。空論をならべただけの「律令」にたつ公家文化と異なる、新たな武家文化が誕生したのだ。

地方の荘園の武士の主導による鎌倉時代の経済の発展

京都の朝廷は、鎌倉時代はじめまでは、最新の技術や文化を独占していた。しかし鎌倉時代なかばあたりから、京都の朝廷の工房の工芸技術が地方に広まっていった。技術を身につけた中央の職人で、地方の有力者に招かれて地方の住民に技術を教えた者が多く出た。平安時代には比叡山などの密教は、貴族層を布教の対象にした宗教であった。ところが旧仏教の金権体質を批判する僧侶によって、平安時代末から、庶民相手の新仏教が広められた。

浄土宗《じょうどしゅう》、浄土真宗《しんしゅう》、禅宗《ぜんしゅう》などの寺院が各地に急速に分布を拡大し、そこの僧侶が庶民に多様な学問や文化を伝えた。商人の活動も活発になり、荘園領主や国府を介さなくても必要な商品が得られるようになった。各地で、日を決めて市《いち》を開く、四日市《よっかいち》（四日、十四日、二十四日に市を開く）、八日市《ようかいち》などの三斎市《さんさい》がつくられた。朝廷が日宋貿易を独占する体制は崩れ、博多などの貿易港を経た中国の商品が各地の市に広まった。

領域型荘園は、中央の荘園領主の主導で開発されたものだった。ところが、鎌倉時代には地方の小領主（武士）による農地開発が盛んになった。かれらが平安時代末の貴族層が独占していた、先進技術を身につけるようになったためである。

肥後国《ひご》（熊本県）の人吉荘《ひとよしのしょう》（人吉市）の田地は、鎌倉時代はじめの建久《けんきゅう》九年（一一九八）の調査のときには、三五二町（約四・二平方キロメートル）であった。しかし人吉荘では、そのときから建暦《けんりゃく》二年（一二一二）の調査までの間に一一・五町の水田が開発された。さらにそこから寛元《かんげん》二年（一二四四）までには、二一・二町の水田がつくられた。人吉荘の水田は約五〇年の間に、四割ほどふえたのである。

前に奈良盆地の水田が、一一世紀に灰色土壌という土壌が広がる低い丘陵地にまで拡大されたことを記した。そして奈良盆地の水田跡の調査は、これとは別の興味深い事柄を明らかにしている。

鎌倉時代なかばにあたる一三世紀には水田が、灰褐色土壌《はいかっしょくどじょう》に覆われた土地にまで広がったというのだ。そこは比較的高い丘陵や山間部の谷間にあたる。現在私たちがみるような棚田《たなだ》の開発が、鎌倉時代に始められたのだ。

しかし、開墾しやすいところは鎌倉時代なかばに、おおむね農地になっていた。そのため農地の拡大はその時点で鈍化し、それに代わって農業の多様化が始まった。

鎌倉時代には土地の気候に応じて早稲《わせ》、中稲《なかて》、晩稲《おくて》の稲が使い分けられるようになった。またその頃には、「大唐米《だいとうまい》」と呼ばれた、ベトナムを原産とする新たな稲も広まった。この大唐米は乾燥に強く、旱害を受けやすい西日本でもてはやされた。

畠作も盛んになった。蕎麦《そば》、大豆、小豆《あずき》、胡麻《ごま》といった食料だけでなく、灯《あか》り用の油の原料となる荏胡麻《えごま》、畳の材料の藺草《いぐさ》などがつくられたのだ。鎌倉時代に小領主（武士）が治める村落は急速に豊かになり、農民の生活が大きく向上した。

中央の荘園領主の地位が後退する

鎌倉時代末には、新たな武家文化が全国規模で広がっていた。この武家文化は、秘伝を重んじる難解な公家文化と異なる、庶民を対象とした平易な文化であった。

平安時代後半に繁栄した物語文学は、貴族層の独占物であった。しかし鎌倉時代になると庶民が、琵琶法師《びわほうし》が語る『平家物語』や、寺社で公開される絵巻物を通して物語を楽しめるようになった。

村落の小領主である武士たちが、すすんだ技術、文化を得るために、中央の荘園領主や公領を支配する国府にしたがっている必要が薄れてきたのである。しかし義理堅い武士たちは、こうも考えた。

「最初に領域型荘園を開発してくれた、貴族や寺社の功績をないがしろにすべきではない」

しかし現実には、荘園の中に小領主が自力で開発した農地がふえていた。鎌倉時代の武士たちはあれこれ工夫をこらして、農地からの収入をふやしてきた。そのため比較的穏和な武士は、争いを避けて、中央の荘園領主（公家、寺社など）との交渉によって年貢の減額などの要求を通した。このようにしてなされた取り決めを「和与《わよ》」といった。

しかし中には、武力を用いて荘園領主の権利を侵す武士もいた。鎌倉幕府の成立によって荘官の任免権を失った、中央の荘園領主の立場は弱かった。

地頭は鎌倉幕府にしたがう御家人だから、地頭に不法（不正）があれば、鎌倉幕府に訴え出て、幕府の裁判による解決をはかるほかない。しかし幕府が、かつて将軍から地頭に任命された武士の所職を奪う事態は、ほとんどあり得ない。

「職《しき》の一円化《いちえんか》」が始まる

鎌倉時代末になると、地頭の荘園支配の拡大の動きが目立つようになった。中には長期にわたって年貢の未進《みしん》（支払わないこと）をおこなう者までいた。

そのため荘園領主の中には、やむを得ず大きく譲歩する形で現地の武士との紛争を解決する者が現われた。そのために盛んにおこなわれたのが、地頭請《じとううけ》と下地中分《したじちゅうぶん》である。

地頭請とは、荘園領主が現地の支配権を全面的に地頭に委任するものである。地頭はこの代償として、毎年ある程度の額の年貢を領主に納めることを約束させられる。

しかしいったん地頭請の文書を取り交わした領主は、自分の祖先の主導で開発した領域型荘園の経営に一切関与できなくなる。

また下地中分とは、地頭と荘園領主が荘園の土地を折半するものである。この契約によ

地頭請と下地中分

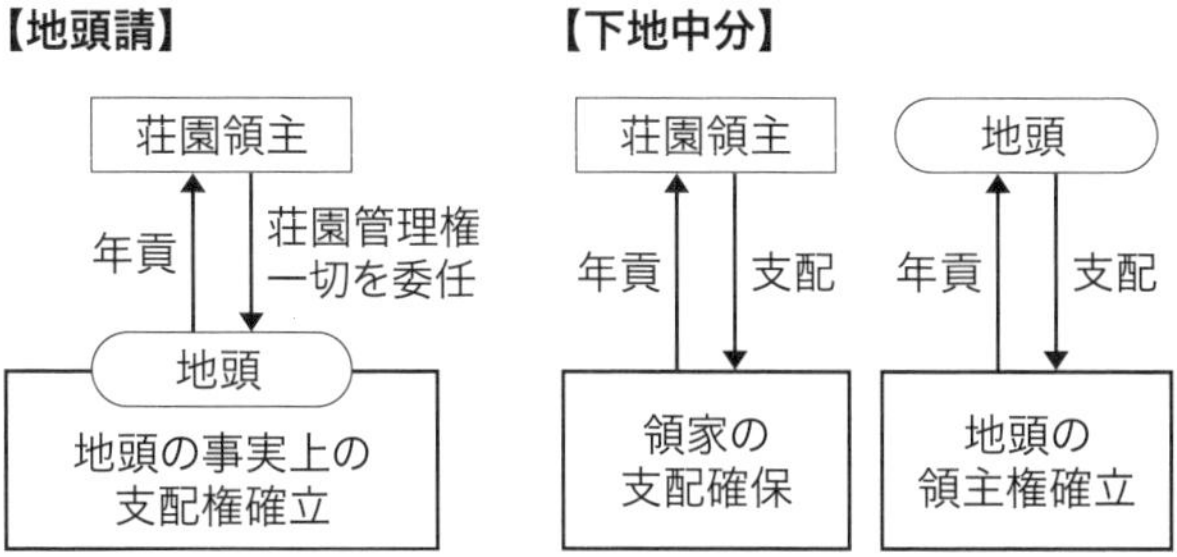

って領主は、自分の領地を半分失うことになる。

荘園領主は下地中分のあと、代官などを派遣して自分の領地を管理した。しかし、荘園の中で中央の領主の領地だけがしだいに寂《さび》れていく事態も多くみられた。これに対して、現地の事情に通じ、農民に信頼された地頭の所領はますます繁栄していった。

以前は中央の貴族や寺社と、地方の武士とが協力して、領域型荘園を開発し、維持してきた。しかし鎌倉時代末には公家、寺社と武士との反目が生じ、中央の領主もしくは地方の武士の中の一方が、一手に荘園を支配するようになった。

日本中世史の研究者は、この変化を「職の一円化」と呼んでいる。「職の一円化」とは、複数の領主が一つの荘園を支配する形から、一つの領主が荘園のすべての権利を握ることへの変化をさす言葉である。最初は本家職などの中央の領主と地頭職、下司職などの地方の領主職とが重なり合った形の支配（職《しき》の重層性）がとられていた。それが一つの領主が一つの荘園を支配する形に変わったのである。

つまり本家職や領家職《りょうけ》をもつ中央の領主（貴族、寺社）などが治める荘園と、地頭職、下司職などと称した地方の領主（武士）がもつ荘園とが、混在する形になったのだ。

現地の武士の勢力の強い一部の地域では、鎌倉時代なかば頃（一三世紀なかば）から地頭請や下地中分がみられた。そして地頭請や下地中分の例は、鎌倉時代末に入ったあたり（一三世紀末）から急速に増加した。

その時期には地頭がおかれていなかった荘園でも、武士が急速に成長していた。下司職や郷司職を世襲する非御家人の武士も、中央の荘園領主に反抗し始めたのだ。

鎌倉時代末に荘園制度は崩壊への歩みを始めた。次章に記すように、その動きを加速したのが、荘園制による秩序を否定する悪党《あくとう》であった。

6
室町以後、戦乱を経て荘園はなぜ「解体」されていったのか

荘園の終焉

一四世紀に荘園の秩序を混乱させた悪党とは何者か?

幕府を弱体化させ、悪党を誕生させた社会変動

源頼朝が鎌倉幕府をひらいて将軍となったが、幕府は源氏の独裁政権ではなかった。幕府は、当初から関東の有力な武士の連合政権としての性格をつよくもっていた。幕府の有力者の間の勢力争いが続く中で、源氏の将軍は三代で滅んだ。そして三代将軍源実朝《さねとも》のあと、源頼朝の妻政子《まさこ》の父、北条時政の子孫にあたる北条家が幕府の実権を握った。

北条家のもとで、幕府はあるていど安定した。そして北条家が指導する鎌倉幕府は、荘園の秩序を重んじる方向をとった。

一介の地方の武士にすぎない北条家からみて、古代から日本を治めてきた天皇の権威は絶大なものだった。だから北条家は長期にわたって京都から迎えた親王などを名目上の将軍にたて、その補佐役である執権《しっけん》として政務にあたった。

かれらは、地方の武士から成り上がった自分たちが「日本の君主」になっても、人びとがついてこないことを承知していた。しかも京都の朝廷は、北条家もあこがれる優れた文

化をもっていた。

そのため北条家は中央の貴族や寺社を、名目上の荘園領主としてたてた。自分たち武士はその下で荘園の農地や管理人を務めるのが、得策だと考えたからだ。

武士たちは、源平争乱の中でこう感じた。

「荘園をめぐる紛争、つまり荘園の取り合いが、すべての争乱の原因である」

そのためかれらは鎌倉幕府成立の時点の荘園に関する秩序を維持していけば、日本は平和になると考えた。秩序の維持が、幕府の役目とされたのだ。だから荘園に拠《よ》る現地の武士の間で紛争が起きれば、幕府は古文書を調べた正当な裁判の形をとって紛争の調停にあたった。

鎌倉幕府の監視があるので、摂関家、比叡山といった中央の荘園領主の中の有力者も、安易にほかの中央の領主の権利を侵せなくなった。

幕府の手で長期にわたって荘園の秩序が保たれた。その時代には武士たちはほかの武士の領地を侵すより、自領の農業や商工業を振興して経済力を拡大する道を選んだ。

ところが鎌倉時代末に、社会の大きな変動が始まった。その一因は、蒙古《もうこ》襲来にあった。このときの中国の元朝《げんちょう》（モンゴル人の王朝）との軍勢の戦いに加わった武士は、戦費をまかなうために財産を失った。しかし北条家には、戦功のあった武士に十分な恩賞を与える能力がなかった。そのため恩賞がもらえずに、窮乏《きゅうぼう》する武士も出た。

それとともに鎌倉時代末には、宋銭の普及による貨幣経済の急速な発展がみられた。荘園の村落の住民は、それまで自給自足に近い生活をしていた。ところがかれらは経済の発展によって、多様な商品を村落の外部から買い入れざるを得なくなった。

板の間で寝ていた者が、板の間の一部に敷かれた畳の上で眠れるようになった。素焼きの土器に代わって中国産の青磁《せいじ》や白磁《はくじ》が使われ、祭りのときには麻でなく絹の晴れ着が着用された。

中下級の武士や農民の生活は、確かに豊かになった。しかし経済の急速な変動は、貧富の差を生んだ。上手に商工民を支配したり、商品となる作物を育てるのに成功した村落の小領主は、勢力を拡大した。

しかし新たな時代に合わせた工夫ができずに、没落する武士も多かった。こういった中で、多くの弱者をしたがえてのし上がった有力な上流武士が目立つようになっていった。足利《あしかが》家、大内家、島津家などは、その代表的な例である。

「自立した小領主がならび立つ時代から、上流武士（守護大名、国人《こくじん》）の領域支配の時代へ」と向かう社会の転換が起こっていた。その中で生まれた「鬼っ子」とでも呼ぶべき乱暴者が、悪党であった。

三種類の悪党の活動

鎌倉時代末の文献に、しきりに「悪党《あくとう》」という言葉が出てくる。しかしかれらは、私たちが考えるような「悪人」つまり犯罪者ではない。

当時は、「抜群の能力をもった恐るべき人間」という意味で「悪」の言葉が使われることも多かった。保元の乱で敗れた才人藤原頼長は、「悪左府《あくさふ》」つまり「恐るべき左大臣」と呼ばれて、恐れられた。

平治の乱で勇敢に戦った源義平《よしひら》は、「悪源太《あくげんた》」つまり「恐るべき源氏の長男」と呼ばれて、源氏方の人びとから慕われた。

義平は源義朝の長男だが、かれより尊い出自をもつ三男の源頼朝が、義朝の嫡子として扱われた。頼朝の母は、熱田大宮司家《あつただいぐうじけ》（名古屋市の熱田神宮の神職）の出身だった。

鎌倉時代末には、「職の一円化」の流れの中で、中央の荘園領主（公家、寺社）と武士との間の訴訟が頻発した。それとともに有力な武士が中小の武士の所領を侵したことによる、荘園の境界争いの訴えも多くみられた。

このような訴訟のときに、権利を侵された側の者は、相手の行為を法廷で「悪党」といって非難した。

「悪党」の言葉が使われた紛争には、次の三種類のものがみられた。

㈠地方の小領主が勢力拡大を目指して、中央の荘園領主を相手に起こす紛争
㈡中央の荘園領主の代官の地位をめぐる紛争
㈢水上交通の拠点となった、港湾都市（港をもつ都市）の利権をめぐる紛争

弱者の権利を侵す側が、裁判で敗れることも多い。そうすると敗訴した強者は「ならず者」の集団（170ページ）を雇い入れて、武力で要求を通そうとした。以下、㈠から㈢までの例をあげていこう。

㈠の小領主と荘園領主の紛争の例として、伊賀国《いが》（三重県西部）の黒田荘《くろだのしょう》（名張市《なばり》）の悪党をあげよう。黒田荘は、奈良の東大寺の有力な領地であった。この黒田荘は、現地の武士である下司職《げすしき》の大江清定《きよさだ》の管理のもとにあったが、清定は長年にわたって年貢の未進《みしん》（未払い）を続けた。そこで東大寺は、弘安《こうあん》元年（一二七八）頃に、「清定は悪党だ」といって幕府に訴え出た。

この訴訟によって、大江清定は下司職を解任された。東大寺はそのあと、清定の親戚にあたる大江観俊《あきとし》を下司に任命した。

現地で大江家が勢力を張っていたので、他家の武士を送り込んでも黒田荘を維持していけなかったからである。しかし大江観俊も前任者と同じく未進を続けた。

東大寺が観俊を幕府に訴えて勝訴したが、観俊は居座り続けた。幕府は東大寺のために伊賀国まで軍勢を送ってはくれない。そのため黒田荘に対する東大寺の支配は有名無実になった。そこが、大江家という武士の私領と変わらなくなったのだ。

主家の権利を侵す代官と、港町に侵入する上流武士

次に(二)の、代官の地位をめぐる紛争の例を紹介しよう。代官とは中央の荘園領主である公家や寺社から、荘園の管理を委ねられた人びとである。

かれらは地頭職、下司職などの世襲の荘官を務める武士と異なる、荘園の土地に関する権利をもたない人びとだった。荘園の農地は荘園領主の持ち物であり、中央の領主は約束した額の年貢などを納めない代官を自由に解任できた。

ところが鎌倉時代末から、解任された代官が荘園に居座り、乱暴を繰り返す例が目立つ

ようになった。

東大寺領の播磨《はりま》国大部荘《おおべのしょう》（兵庫県小野市）の代官を務める垂水繁昌《たるみしげまさ》は、所定の年貢を納めなかった。そのため東大寺が繁昌を解任した（一二九四年）。するとかれは数百人の悪党を引き連れて、年貢、牛馬などを奪って去っていったという。

自分を解任した東大寺を怨んだ垂水繁昌が、多勢のならず者を雇って、もとの任地で略奪をしたのだ。東大寺が垂水繁昌を悪党として訴えても、幕府が繁昌を探し出して処罰してくれるわけではない。

次に㊂とした、港湾都市をめぐる悪党の例を紹介しよう。備後《びんご》国（広島県東部）の尾道《おのみち》は、瀬戸内海航路の要港であった。現在そこは「坂の街」として人気のある観光地になっている。

この尾道とその周辺は、高野山《こうやさん》の荘園であった。しかし鎌倉時代の流通の発展の中で、尾道浦（尾道港）が港湾都市として大きな利益を上げるようになった。

これに目をつけた備後国の守護の長井貞重《さだしげ》が、尾道の港を自分の領地にしようともくろんだ。そのため貞重は、元応《げんおう》三年（一三二〇）に自分の代官として円清《えんせい》、高国《たかくに》父子を尾道に送り込んだ。

その二人は数百人の軍勢を引き連れて、尾道浦に乗り込んだ。そしてそこを管理していた預所代《あずかりどころだい》の僧行胤《ぎょういん》を殺し、港の政所《まんどころ》（管理事務所）を焼いた。これに対し、高野山は円清と高国を悪党として幕府に訴え出た。すると円清と高国は報復として、預所代の行胤の家来たちをとらえて連れ去った。

このときの幕府には、備後の守護という有力者に圧力を加える力はなかった。このようにして、尾道港に対する高野山の支配権は失われていったのである。

ここに述べてきたように、中央の荘園領主は、悪党といわれた荘官、代官、近所の有力な武士の三者から、その権利を侵害され続けた。このような悪党の活動をきっかけに、中央の公家や寺社の権威が急速に低下していった。

そして鎌倉幕府は、多様な悪党が活躍する中で滅んでいった。

室町時代に、公家や寺社の荘園が大きく後退した事情とは？

荘園は南北朝の争乱によって滅んだのか

かつては、「荘園は、南北朝争乱によって滅びた」とする評価がとられてきた。それは日本中世史の研究者が、荘園制を、「中央の貴族（公家）や寺社が、地方の武士を支配するための制度」と、とらえていたためである。

南北朝時代に、武士が盛んに公家や寺社の荘園を押領《おうりょう》（武力で奪うこと）した。そのために「荘園制は名目だけの制度になった」とされた。そのため室町時代（南北朝合一後）に、「守護領国制《しゅごりょうごくせい》」と呼ばれる、守護が封建的な主従関係によって一つの国の武士を束ねる新たな制度が誕生したというのである。

ところが日本中世史の研究がすすむにつれて、中世後半の社会の変動を、そのような簡単な図式では説明できないことが明らかになった。

守護大名が、一つの地域のすべての武士を支配できたわけではない。戦国大名の支配が確立するまで、守護とほとんど関係をもたずに自立していた武士が、かなりいた。しかも守護の勢力の一部分は、荘園制支配に拠ったものであった。

地方に住む武士（村落の小領主）たちは、中央の優れた技術、文化を得るために荘園を介して貴族（公家）や寺社にしたがってきた。

しかし鎌倉時代に、公家文化と異なる武家主導の鎌倉文化や鎌倉新仏教が広まった。さらに室町時代から禅宗の中の臨済宗《りんざいしゅう》が広めた、禅文化が重んじられるようになった。

公家のもつ国風文化は、中国の唐代の文化を日本化させて華やかにしたものであった。これに対して禅文化は、南宋朝、元朝《げん》、明朝《みん》に留学した僧侶が広めたものだった。それゆえこの禅文化は「南宋以後につくられた中国のより新しい文化」と評価できる。

国風文化は見た目は派手だが、形（一定の型《かた》）を重視するだけの底の浅い文化であった。これに対して禅文化は見た目は質素だが、その底に禅の世界をふまえた奥深い哲学があった。

このような禅文化は、武士たちにもてはやされた。そしてそこから庶民へと伝わっていった。禅僧たちは多額の報酬を求めることなく、自分のもつ知識、文化、技術を気前よく人びとに伝えた。

そのような禅文化が、書院造《づくり》の建物や枯山水《かれさんすい》の庭園、日本流の朱子学《しゅしがく》、水墨画《すいぼくが》などを生み出した。そしてそのような新たな文化を通じて、「わび」、「さび」、「幽玄《ゆうげん》」の美意識に拠る文化が広まった。

それでも室町時代の上流武士の間には、公家のもつ文化を重んじる伝統が生きていた。上流武士の社会では、公家文化を知らない者は軽蔑された。その武家社会では「有職故実《ゆうそくこじつ》」

と呼ばれた朝廷の作法やしきたり、伝統的な約束事をふまえた和歌、蹴鞠《けまり》、香《こう》、舞いなどが学ばれた。武士は権威づけのために、朝廷の官職を望んだ。そのため買官《ばいかん》（官職を買う行為）が、盛んになされた。

室町時代に「荘園」という制度は形骸化した。しかし朝廷のもつ文化の権威が保たれる限り、荘園は生き続けたのである。

国人という新興勢力の時代の訪れ

鎌倉幕府は、国内の多くの武士に望まれて誕生した武家政権であった。幕府は「所領安堵《しょりょうあんど》」の形をとって、村落の小領主（武士）たちの地位を保証した。

鎌倉幕府にしたがった武士は、御家人とされて幕府の保護のもとにおかれた。この代償として御家人たちは、幕府の命で軍役《ぐんやく》にしたがわねばならなかった。

幕府の委任を受けた守護は御家人の中から、京都を警備する大番役《おおばんやく》や鎌倉を守る鎌倉番役《かまくらばんやく》を指名した。また承久の乱や元寇のような非常事態に、武士たちは幕府の指揮のもとで戦った。武士たちは幕府の動員を受けることを「いざ鎌倉」と呼んで、喜んで応じたという。

国人の成長

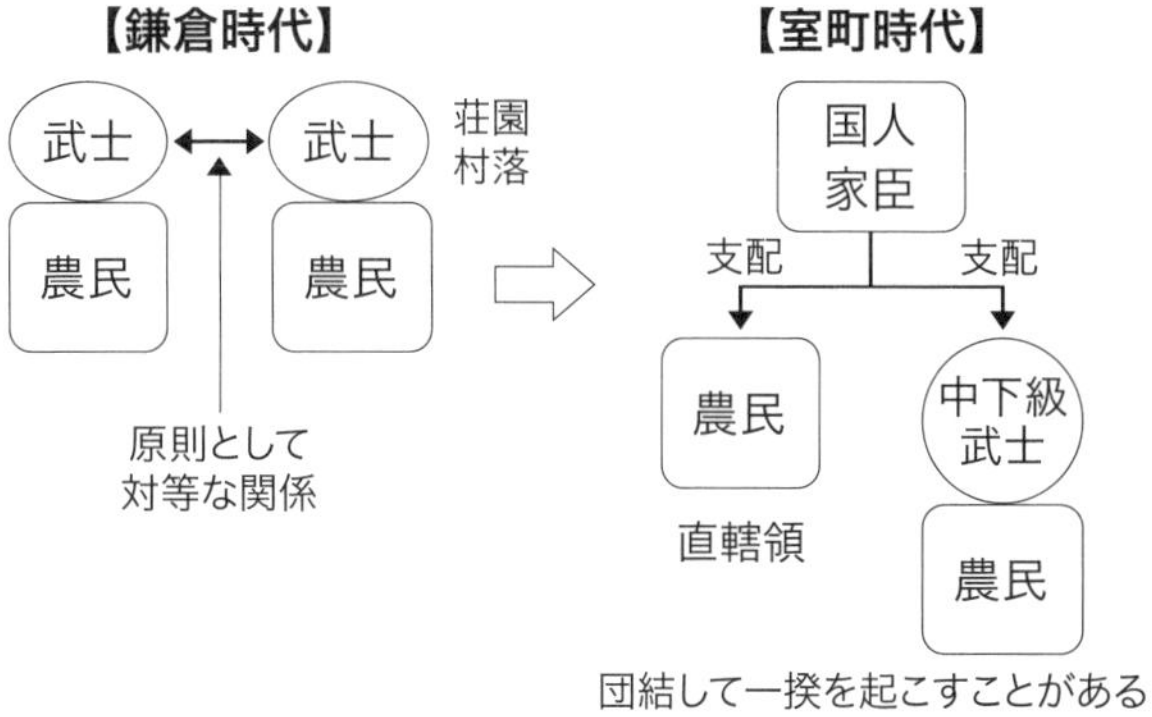

鎌倉幕府は、武士たちに慕われた政権であったらしい。北条家などの幕府の有力者は質素に生活し、自らを特権階級と位置づける態度を取らなかった。

村落の小領主である武士たちは、武装していても無益な戦いを好まなかった。だから公平な裁判によって武士どうしの紛争を解決する、幕府のような組織が必要だった。しかも幕府は荘園領主である公家の横暴からも、武士たちを守ってくれた。

私は、鎌倉幕府は次のような政権であったと考えている。

「村落の小領主（武士）たちの善意に支えられた政権」

村落の小領主（武士）たちは、次のように考えた。

「幕府による公正な裁判がおこなわれることが、社会を安定させて私たちに幸福をもたらす」

だから幕府の裁判の判定にしたがい、面倒な大番役も務めた。

しかし鎌倉時代後半の急速な商工業の発展が、大きな社会変動をもたらした。急速に貧富の差（経済格差）が広がり、新たにのし上がった有力な武士が、多く出現したのだ。

彼らの多くは金を貸し付けたりして、小領主を支配下に取り込んだ。先祖伝来の領地を借金のかたに取られたことが原因で、有力な武士の家臣にされる者が相次《あいつ》いだのだ。土地を失った武士の一部は、「悪党」の武力となる「ならず者」の群れに身を投じた。この時期にはあちこちに、「ならず者の貧乏浪人の集団」とでも呼ぶべき武装勢力がみられた。かれらはわざと武士の礼儀に反する服装をとり、揺《ゆ》すり・集《たか》りをしたり、傭兵となったりした。

荘園領主の権利を侵した悪党の頭目《とうもく》の中には、新興の有力武士が多かった。「自分の利益のためには、どんな横暴も許される」といった意気込みなしに、勢力を拡大できない時代であった。しかもそこらにいる「ならず者」から、いくらでも兵力を調達できた。

幕府政治が行き詰まるなかで、京都の後醍醐《ごだいご》天皇が討幕の挙兵を敢行した（一三三一年）。天皇はいったんは敗れたが、足利尊氏《たかうじ》、新田義貞《にったよしさだ》らの上流武士の支えによって盛り返し、北条家を倒した（一三三三年）。

このとき倒幕に加わった者の中に、新興の上流武士が多く含まれていた。これに対し、北条家は北条一族と一部の中・下級の武士の兵力だけで戦わねばならなかった。

鎌倉幕府滅亡のあと後醍醐天皇の建武《けんむ》の新政《しんせい》（一三三四年）を経て、室町幕府が成立した（一三三六年）。しかしこのあとも後醍醐天皇に始まる南朝が吉野に拠点を置いて幕府と対立した。そのため、南北朝の合一（一三九二年）まで長期の南北朝の争乱が続いた。

しかし室町幕府成立の時点で、大部分の武士は足利家が後援する北朝の側についていた。室町幕府は、「守護大名の連合政権」と呼ぶべきものであった。室町時代には、足利一族や、大内家、島津家、大友《おおとも》家、佐々木（京極《きょうごく》）家などの鎌倉時代に急成長した各地の上流武士が、守護大名に任命されていた。

室町時代に「職の一円化」が完成した

鎌倉幕府のもとの御家人制や地頭という制度は、建武の新政のときに廃止された。そのため御家人以外の者でも地頭職につけるようになり、地頭職をもつ公家や寺社も現われた。

それとともに、有力な武士が、かつて中央の荘園領主が有していた本家職や領家職につく例もみられた。

建武の新政ののちに、本家職、領家職、地頭職、下司職などは同質化していった。そしてそれらは室町時代には、単なる自立した領主を表わす名称となった。

上下関係をもった複数の職が併存した重層的な形は見られなくなり、「職の一円化」が最終的に完成したのだ。

有力な武士は南北朝争乱の混乱に乗じて、公家や寺社が本家職をもつ荘園を侵略していった。それとともにかれらは中・下級の武士を家臣化し、かれらが領有していた土地を自領に加えた。そのため小領主の自立を保証してきた地頭職、下司職などが廃された例も多い。悪党の傭兵などをしていたならず者の中の運のよい人びとは、この時期に守護大名、国人などの新興の有力な武士の下級の家臣になれた。

南北朝争乱のなかで急成長した半郡もしくは一郡ていどの領地をもつ上流の武士は、室町時代に「国人《こくじん》」と呼ばれた。国人は、一〜二万石から六〜七万石ていどの領地をもつ人びとである。

守護大名が治める一国の中に、守護の直轄領と、守護領より小規模な国人たちの領地がならび立つ形となったのだ。それでもこの時代には、守護や国人に家臣化されない独立した中流武士と呼ぶべき小領主があるていど残っていた。

半済《はんぜい》によって勢力拡大した守護大名

室町幕府は、南朝との戦いを有利にすすめるために守護大名の権限を強化した。そのため守護の領国内に領地をもつすべての武士は、守護の命じる軍役にしたがわねばならなくなった。

守護の配下の武士たちは、戦いが起こると公家や寺社の荘園を勝手に占拠して、兵糧を徴発した。かれらはこう称した。

「守護の命令によって南朝との戦いのための兵糧を集める」

こういった動きが日常化する中で、観応《かんのう》の擾乱《じようらん》という足利家の内紛が起きた。足利尊氏とかれの弟の直義《ただよし》との対立から、足利方の武士が二つに分かれて争ったのだ。このとき南朝が混乱に乗じて、京都を占拠する事態が生じた（一三五二年）。

この年に、幕府は守護のために観応半済令《かんのうはんぜいれい》という最初の半済令を発した。それは守護が公家や寺社の荘園の年貢の半分を兵糧米として徴収することを認めたものだ。守護はこの半済令にもとづいて、自分にしたがう武士に指定した荘園の半済の権限を分け与えた。

半済を許された武士を「半済給人《はんぜいきゆうにん》」という。半済給人の中には、公家や寺社の領地から兵糧米を取ったうえに、力ずくで荘園の半分の土地の支配権を奪う者もいた。このよう

観応半済令

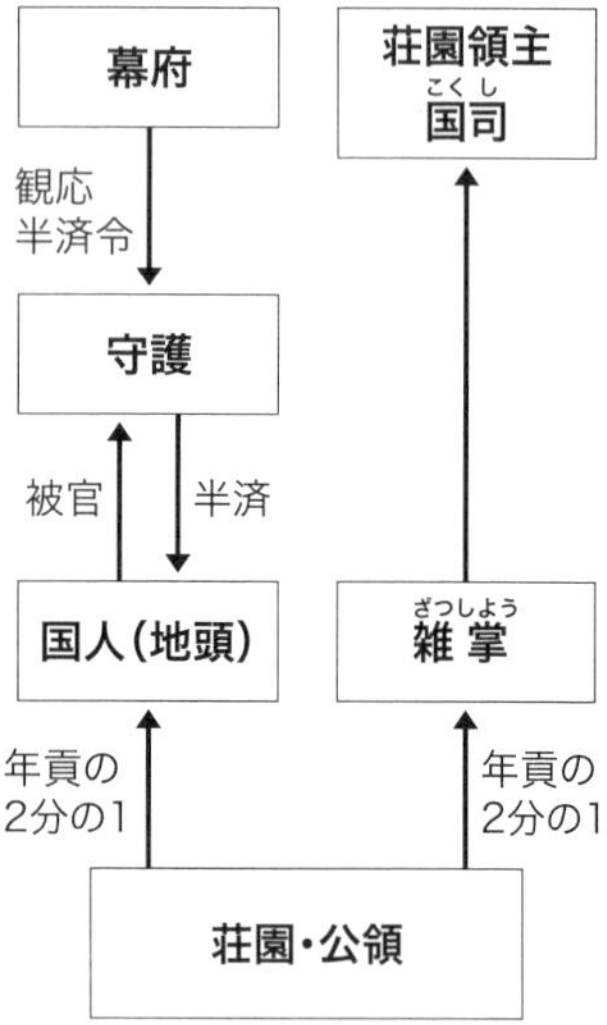

な半済は、このあと何度もおこなわれた。

南北朝の戦いが起こったとき、幕府は守護に南朝方の公家、寺社、武士の領地を没収する権限を与えた。南朝についで幕府に抵抗する者が、謀反人や罪人とされたからだ。

そのため謀反人や罪人が保有していた土地は、闕所《けっしょ》（所有者のいない土地）として扱われた。守護大名は、この闕所の土地を恩賞として家来たちに分け与えた。

南北朝の争乱の中で、守護は国府の権限も吸収した。鎌倉時代には、知行国主の指揮下にあった在庁官人が、公領の裁判権をもっていた。

しかし室町幕府は守護に、幕府の裁判の判定を実現するための強制執行権を与えた。この権限は、任国の中の公領にも及ぼされた。そのため在庁官人の私領まで、守護（幕府）の裁判権のもとに置かれることになった。

守護のこの権限は、「使節遵行《しせつじゅんぎょう》」といわれた。室町幕府のもとで、幕府の裁判権が国内全域に行き渡るようになったのだ。そしてその権限は、守護が武力を用いて敗訴した者の領地を奪うといった形で執行されたのである。

このような守護支配の確立によって、中央の公家や寺社が遠隔地の荘園を維持することは不可能になった。

そのため主だった公家や寺社は、京都に近い限られた荘園だけを支配する方向に転換せざるを得ない。それでもかれらは実務に長じた代官を起用することで、荘園経営を続けた。

室町時代の守護支配のもとで、中央の荘園領主の支配権が大きく後退していったのである。

「惣村《そうそん》」が、荘園における武士の役割を変えた理由

平安時代末から鎌倉時代までの村落の姿

室町幕府の半済令は、確かに荘園制の崩壊のきっかけとなった。しかし室町時代はじめの時点では、まだ荘園制の名残《なごり》が強く残っていた。

その頃の全国の土地はまだ、公領の郡、郷、保などと、個々の荘園とに区分されていた。そのため守護の軍役なども、郡、郷、保、荘園などを単位にかけられていた。この区分は、平安時代末の公領と領域型荘園のあり方に基づいたものであった。

守護には、他者の領地から徴税する権限はなかった。だから前代と同じく本家職、領家職、地頭職、下司職、郷司職などが年貢を徴収するというたてまえになっていた。

農地が増加したために、個々の荘園は時代とともに拡大した。しかし荘園を構成する村落の姿は、平安時代末から室町時代はじめ頃まで、ほとんど変わっていなかった。

私たちは荘園の村落が、人家が集まる村の中心部と、その周囲に広がる田地からなる、現在のような農村のような姿をしていたと考えがちだ。しかし村落の小領主が治める荘園の姿は、現在の農村のような風景と大きく異なっていた。

現在、かつて荘園領主がつくらせた荘園絵図がいくつか残っている。それらをみると、荘園の村落は一つのまとまりではなく、小規模な集落の集合体であったことがわかる。

一つの荘園の農地は、あちこちに散らばっていた。

そしてその一つ一つの農地のそばに、四、五軒ほどの家がかたまっていた。そのような小集落の人口は、二〇人から三〇人ていどだったと考えてよい。このまとまりが、領域型荘園の「名《みょう》」であったとみられる。

このような小集落が、七、八か所散在するところが、人口二〇〇人ていどの荘園の村落であった。そしてその村落全体を見渡す小高いところに小領主である武士の館が設けられていた。しかし前にも述べたように、そこは武士個人の邸宅というより、村落の住民の集会所に近いものであったらしい。

大規模な農地開発が全国規模でなされるようになって、農地が散在する形が見られなくなるのは、戦国時代以後のことである。

しかし、多くの人が集住する村落は、南北朝時代あたりから形成されてきたと考えてよい。その頃までの農地は散在していた。しかし人びとが、

「同じ村落の人間がまとまって住むと、いろいろ便利なことがある」

と考え始めたのだ。そのため住民たちが、村落の中の決められた場所に、まとまって家屋を設ける形の集村《しゅうそん》が広まるようになった。そのような居住地の多くは、丘陵の麓などの農地に適さないところに位置していた。

この動きの中で、散在した水田のそばにあった家屋は解体され、家屋が建っていた土地も開墾されて水田となった。

このような村落の姿の変化が、農村社会の大きな転換をもたらした。一つの名の農地の経営にあたる二〇人から三〇人の集団は、親族を中心に構成された「家」であった。

かつて、このような家がいくつか集まって、荘園とされた村落を構成していた。村落の領主を指導者とする、村社会は確かにあった。

しかし人びとは家を単位に物事を考え、村落を独立した家の集合体、つまり「親しい家の集まり」と考えていた。

ところが、一つの村落を構成する複数の家の人間がまとまって住むようになった。そうすると、自分と異なる家の村落の住民との連帯感も、芽生えてきた。そのためやがて個々の家を超えた村社会全体のまとまりがつくられた。

そして村落を単位にした助け合いが、日常的におこなわれるようになった。もとは家々が村落の小領主を介してつながってきた。ところが村落単位の農民のまとまりができると、みんなで意見を出し合って農地の経営をすすめることができる。荘官を務める小領主の指導の必要性が、薄れたのだ。

そのため、農民たちの指導者としての武士の地位が急速に後退していくことになった。

惣村の成立により、荘園では一揆が発生

農民から選ばれた指導者が、農業を指導するようになると、武士がしだいに村落にとって不要なものとなっていった。そのため室町時代頃に武士の役割は、村落を超えた問題の処理に限られるようになった。

武士の仕事が、村落の防衛と守護との交渉ぐらいになってしまったのだ。農民たちは、かつて武士が身に付けていた農業技術を学び、それを使いこなすようになっていた。

農民の主導で、農業が発展していく時代が訪れたのだ。そのため室町時代なかば頃にめざましい成長をみせた農村に、「惣村《そうそん》」と呼ばれる新たなまとまりが広がっていった。自治組織をもつ農村が、「惣村」である。

この時期になると、農民の中から地主層と呼ぶのにふさわしい有力農民が出てきた。そして地主層の主導によって、農村の自治組織がつくられた。

自治組織を構成する農民は、「惣百姓《そうびゃくしょう》」と呼ばれた。そして、寄合《よりあい》という農民の会議の決定にもとづいて惣村の経営がなされるようになった。寄合で選ばれた、乙名《おとな》、沙汰人《さたにん》などと呼ばれる指導者が、惣村の運営にあたった。

鎌倉時代の村落では、そこの小領主である武士が定めた法によって治められていた。し

かし惣村ができたあと、農民の寄合が惣掟《そうのおきて》（村掟《むらのおきて》）という法を定めるところも出てきた。

領主である武士は村落を守る立場にあったが、武装した農民が自検断《じけんだん》の名で警察権を行使するところも現われた。さらに宮座《みやざ》と呼ばれる農民の集まりが、武士に代わって村落の氏神を祀るところも広がった。また「一揆《いっき》」と称して、団結して領主に反抗する惣村の住民も現われた。

このような惣村ができたことによって、没落した小領主もみられた。そういった武士の中には、自領であった村落をはなれて守護大名や国人の家臣となった者もいた。

また自らすすんで農民の寄合に加わり、農民身分の地主となった者もみられた。そういった地主の中には、氏神の神職を世襲する家として続いた旧家もあった。

前に述べたように領域型荘園とは、小領主である武士が治める村落の集合体であった。ところが惣村の成立によって、荘官として個々の村落を実質的に支配していた小領主が没落した。

この変動によって、「武士が治めた荘園」が姿を消した。その転換は、守護大名や国人の家臣だけが、武士として扱われる時代の訪れを意味した。

応仁の乱の後、荘園の支配者はどう様変わりしたか?

幕府の保護によってかろうじて保たれた荘園

室町幕府は南北朝争乱がおさまった(一三九二年)あたりから、全盛期を迎えた。幕府は朝廷から京都の市政権を与えられた。

そのために幕府は商工業が繁栄する京都の住民に土倉役《どそうやく》(金貸しから徴収する税)、酒屋役《さかややく》などの税をかけて、多額の収入を得るようになった。中国の明朝《みんちょう》との日明《にちみん》貿易(勘合貿易《かんごうぼうえき》)による利益も、大きかった。

朝廷は鎌倉時代まで、貴族や寺社の荘園と公領から一国平均役を徴収していた。しかし室町幕府は、一国平均役の権限を朝廷から取り上げ、それを段銭《たんせん》という新たな租税とした。そして全国規模で段銭を集めて大きな税収を上げるようになった。

室町時代に入ると、皇室も上流の公家も幕府の保護下におかれるようになった。やがてかれらは幕府の援助によって、ようやく公家としての体面を保つありさまとなった。

しかし室町幕府の歴代の将軍は、公家のもつ伝統的な文化を重んじていた。そのために幕府は公家のもつ一部の荘園を保護したり、学問、芸術に長じた公家を引き立てたりした。

守護大名の支配が確立したあと、守護大名の多くは有力な家臣を守護代《しゅごだい》に任命して、領国の政務を委ねた。これによって守護大名たちは、京都で贅沢な生活を送ることになった。そしかし有力者が京都に集まったために、将軍と守護大名との勢力争いも頻発した。そして何度か争いが起きたのちに、京都で応仁《おうにん》の乱《らん》（一四六七―七七年）が起こった。

この大掛かりな戦乱によって京都の町のあちこちが焼かれ、将軍の指導力が一気に低下した。守護大名の領国にも、応仁の乱の影響による混乱が広がった。そのため多くの守護大名が領内の支配を強化するために地方に下った。

この戦乱のあと、室町幕府の保護のもとに保たれていた公家や寺社の荘園支配が、急速に崩壊していった。

それでも、わずかに荘園を保った荘園領主もいた。

応仁の乱によって、東寺とその荘園とのつながりを断たれ、現地の武士からの年貢を得られなくなった。その東寺が、乱がおさまったあと、将軍足利義尚《よしひさ》に寺領の保護を願い出た。おかげで丹波国（京都府中部と兵庫県中東部）の大山荘《おおやまのしょう》（兵庫県篠山《ささやま》市）などの京都に近い五か所の荘園から、東寺に少額の租税が送られてくるようになった。

東寺領を支配する現地の武士は、「ここで足利家と争うのは得策ではない」と考えた。そのため最小限の負担を受け入れる形で、東寺と妥協したのだ。

国衆と地侍の時代の訪れ

応仁の乱のあと、新たな性格をもつ新興の武士の活躍が地方で目立った。次の戦国時代の担い手になっていく人びとの、勢力拡大が始まったのだ。

国人とは形のうえでは、本拠地の有力な荘園を中心に勢力を拡大した武士であった。かれらは周辺の荘園の所職（下司など）や代官を兼ねたり、そこの小領主であった武士を家臣にしたりする形で、成長してきた。

このような国人の支配は、荘園制の秩序に拠ったものだった。しかし応仁の乱の混乱のあとに、中央の名目上の荘園領主とのつながりを断って成長する国人が多く出た。かれらは領地を中央の荘園領主が与える権威ではなく、実力で支配し、周囲の国人と争って領地を拡大していった。

このようにして一つの盆地世界（郡）の支配者に成長した者は、「国衆《くにしゅう》」と呼ばれた。

信濃国《しなの》（長野県）の海野荘《うんののしょう》（東御市《とうみ》）の地頭職を務めた海野家《うんの》は、応仁の乱のあと急速に成長した国衆であった。

かれらは本拠地の西隣の上田荘《うえだのしょう》と常田荘《ときたのしょう》を併合し、小県郡《ちいさがた》（上田市と東御市のあたり）をほぼ手中にした。この動きによって、上田荘の地頭であった太田家は、海野家の家臣とされた。真田幸村《さなだゆきむら》（信幸《のぶゆき》）は、この海野家の流れをひく武士である。

惣村の形をとっていた農村でも、応仁の乱のあと重大な変化が起きていた。農地を買い集めて、地主に成長した農民が多く出たのである。

このような地主は、自分の農地を小農民に貸し付けて、加地子《かじし》という小作料を徴収した。

農民の階層分化によって、荘園制のもとの「名《みよう》」の枠組みは崩れた。これによって農村に、「土豪《どごう》」と呼ばれる地主がならび立つ形がみられるようになった。一部の土豪は、武装して地侍《じざむらい》と呼ばれる階層に成長した。

戦国時代に大名に仕えて、その下の最下層の武士となる地侍も出た。しかし農村には、まだ小規模な農地を家族経営して自立する小農民もかなりみられた。また惣の流れをひく農村のつながりを重んじた土豪で、小農民たちの指導者として故郷に残った者もいた。そしてそういった者の家の中から、江戸時代の名主《なぬし》や庄屋となったところも出た。

豊臣秀吉は、どのようにして荘園制度を終焉させたのか？

戦国乱世の訪れによって否定された荘園の法

応仁の乱をきっかけに、国内は長期の混乱におちいった。それまでの秩序が崩れ、新たな勢力が台頭したのだ。そして一五世紀末あたりから、戦国時代が始まった。

ふつうは伊勢長氏《ながうじ》（北条早雲《そううん》）が武力で伊豆一国を征圧した年（一四九二年）が、戦国時代の起点だとされている。守護大名よりはるかに強力な支配を実現した戦国大名が、全国にならび立つ時代になったのだ。

守護大名のもとでは、村落の小領主が定めた個々の荘園を単位とする法が生きていた。そこの住民たちがその法を、「安全で快適な住民の生活をもたらすための法」という性格のものであることを理解していたからである。

だから複数の荘園を治めていた国人であっても、「村落ごとに異なる法」を尊重した。そのような村落の法には、次のようなよその者に理解できない部分もあった。

「防府《ほうふ》天満宮の境内と、その裏の酒垂山《さかたりやま》（天神山）で牛や馬を保管したり、木や竹を伐《き》っ

てはならない」(『防府天満宮文書』から推測した防府天満宮領荘園の法)

大内家も、戦国大名の毛利家も、天神様の神罰を恐れて、防府天満宮の領域に手を出さなかった。ところが戦国大名は、そのような荘園ごとの独自の法を否定した。そしてそれに代わって、「分国法《ぶんこくほう》」という新たな法を領内に施行した。この行為によって、独自の法権をもつ村落の小領主の地位が最終的に否定されたのだ。

戦国大名は領国を支配するために、新たな家臣団を編成した。大名の一族や国衆などを上級武士として組織した。そしてかれらに、軍役衆《ぐんえきしゅう》という地侍などからなる下級武士を統率させたのだ。

上級武士は寄親《よりおや》、下級武士は寄子《よりこ》と呼ばれた。そして合戦のときには、寄親が自分の家族になぞらえた多くの寄子をつれて、一部隊の長を務めた。

太閤検地《たいこうけんち》への流れ

戦国大名の成長の中で、公家や寺社の荘園の保護者をつとめていた将軍は、ただの飾り物になっていった。

織田信長が入京した(一五六八年)あと、最後の将軍足利義昭《よしあき》は信長の保護下におかれ

豊臣秀吉による荘園制の解体

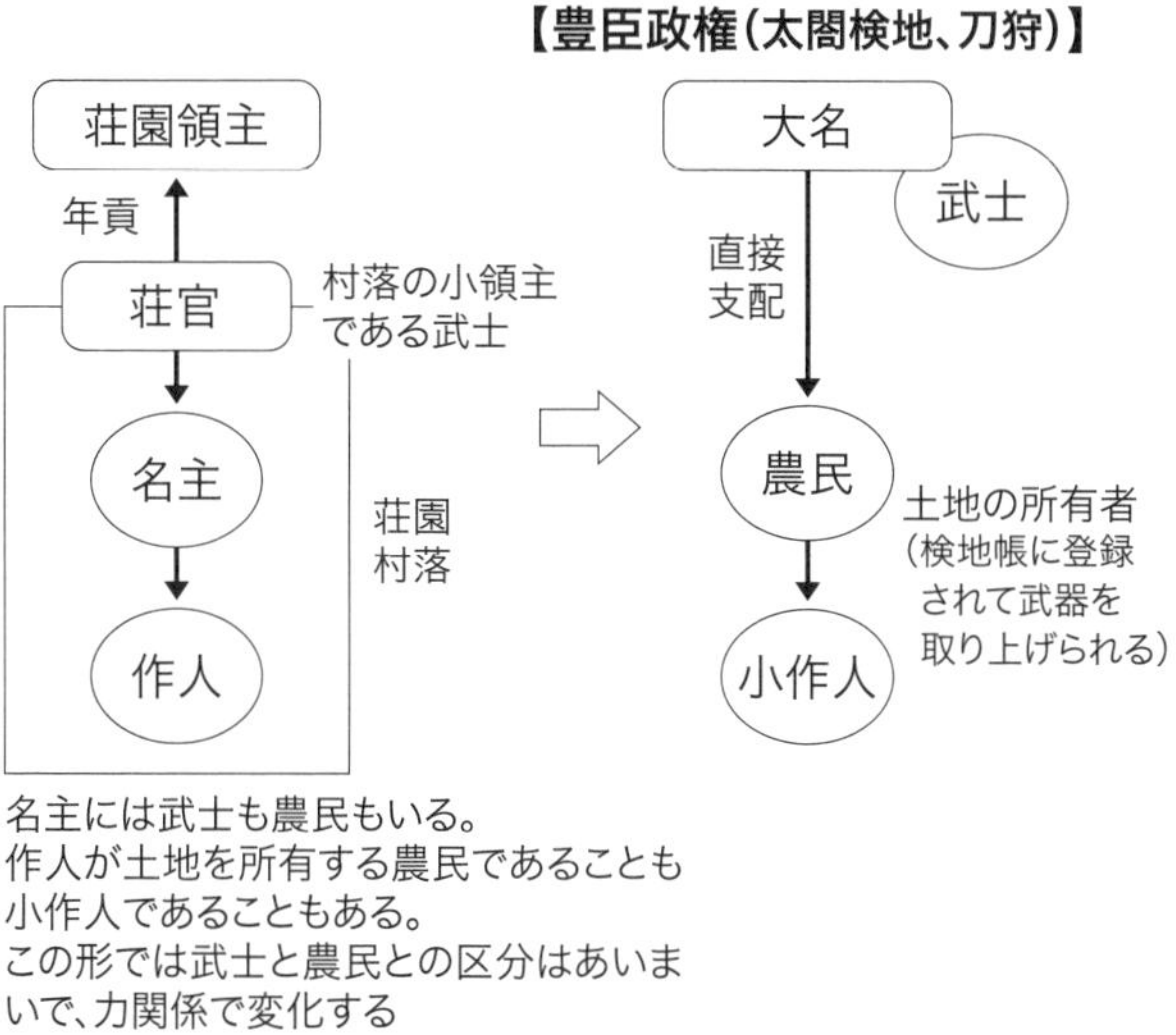

名主には武士も農民もいる。
作人が土地を所有する農民であることも
小作人であることもある。
この形では武士と農民との区分はあいま
いで、力関係で変化する

た。義昭にはなんの権限も与えられなかった。そして信長は自分が武力で獲得した領地を、思いのままに分配した。わずかに残っていた皇室領や公家などの荘園も、「所領安堵の形で信長が与えた領地」として扱われた。

そしてそのような織田信長のあとを受けついだ豊臣秀吉は、荘園制に代わる全国規模の新たな土地支配を打ち出した。そのために、太閤検地（一五九一年頃）がなされた。このとき一つの農地の納税の責任者を一人に定めた「一地一作人《いっちいっさくにん》」という原則が定められた。それとともに農地の租額を米の取れ高で表わす「石高《こくだか》制《せい》」も確立した。

この太閤検地まで、一つの農地に複数の権利が存在していた。「職の一円化」がすすんで年貢を徴収する側の職はかなり整理されていた。しかし安土桃山時代まで、農民の側に名主職、作職、下作職などから成る重層的な職が残っていた。

このようなありさまでは、土地が誰のものかを明らかにし得ない。それを中央の荘園領主もしくは村落の小領主のものとも、有力な農民（名主）のものとも、小作人（作人、下作人）のものとも、なんとでもいえる。そのため豊臣秀吉は土地を、「実際に農地を耕作する農民の持ち物」とする原則を打ち出した。そのうえで村落の小領主などの権利を否定した。そして農民の上にたつ支配者を、豊臣家と諸大名に限定した。

武士が治める土地はすべて、主君である豊臣家や大名が与えた所領だとされたのだ。中央の荘園領主であった公家や寺社も、村落の小領主も、「主君から領地を与えられた」豊臣家や諸大名の家臣の一員とされた。そして皇室領は、豊臣家配下の大名の領地にならった扱いをうけた。

このような形の統治は、江戸幕府に受けつがれた。江戸時代につくられた幕府領（天領《てんりょう》）と大名領が並立する形は「幕藩制《ばくはんせい》」などと呼ばれている。

このような豊臣政権によって、古くから続いた荘園制は否定されることになったのだ。

おわりに――日本史の中の荘園

最後に本書のまとめとして、荘園史の大ざっぱな流れをみていこう。

現在では、日本国内のすべての土地に所有者がいる。国のものとされる国有地や、地方公共団体などが保有する公有地もある。そしてそれとならぶ形で、企業などの団体や個人が私有する土地がみられる。

日本で今、土地の売買が、日常的におこなわれている。不動産の仲介業者を訪れれば、誰でも土地、建物を購入したり借りたりできるのだ。

しかしこのような、「私的土地所有」という制度が確立したのは思いのほか新しい。日本では、豊臣秀吉がおこなった太閤検地《たいこうけんち》（一五九一年頃）によって、はじめて農地が「誰かの私有地」として扱われることになった。

検地のときに豊臣家領と個々の大名領を単位に、「検地帳《けんちちょう》」がつくられた。検地帳に個々の農地の地名を書き連ねて、農地の内容の記述の下に、そこの所有者とされた農民の名前を記したのだ。

「垣内《かいと》　田《た》三百歩《ぶ》　米五斗　善兵衛《ぜんべえ》」（『防府《ほうふ》天満宮文書』の一五九六年の毛利家のもの）

このような記述は、垣内という地の三〇〇歩の広さで五斗の収穫がある田が、善兵衛の持ち物であることを示したものだ。

ところが古い時代には、土地は大地の神の持ち物とされていた。人びとは大地の守り神を、みんなの先祖が集まった国魂《くにたま》の神として祀った。

弥生時代に稲作が始まったときに、一〇〇人から二〇〇人ていどの親族の集団が力を合わせて原野を切りひらいて田地を起こした。そのとき、かれらはこう感じた。

「自分たちが住む土地の周囲の広大な原野は、大地の神の土地だ」

そして自分たちは、大地の神の土地を借りて農業を営んでいると考えた。農業技術が未熟な時代には、農地を維持するのに多くの労力を要した。そのために、「田畠《でんばた》は、そこを耕す者の持ち物である」とされた。

しかし田畠の持ち主がもっていたのは、ただの用益権にすぎない。そして大地はみんなのものであるから、土地をひらいた者がそこの用益権を得るのが当然のこととされた。

日本では長きにわたって（紀元前一〇世紀―後八世紀はじめ頃）、このような「共同体的土地所有」がなされていた。そして荘園制という形で、「共同体的土地所有」から「私的土地所有」への転換が始められたのである。

天皇を君主にたてた朝廷は、大宝元年《たいほう》（七〇一）に唐の「律令」を手本にした「大宝律令《りつりょう》」という法を制定した。朝廷は「畿内《きない》」と呼ばれた近畿地方の中心部の豪族の連合政権であった。そのため「律令」が施行されたあとしばらくして、畿内で次のような考えがとられるようになった。

「畿内の地は個々の豪族の土地に分割されている。しかし、畿内の土地はすべて畿内豪族の代表者である貴族を束ねる、平城京にいる天皇の管理のもとに置かれている」

これは「共同体的土地所有」の一つの変化にすぎなかったが、このあと朝廷の主導で次のような考えが広まった。

「新たに開発した土地は、そこの開墾者の所有地である」

このような考えにたって、奈良時代後半から貴族、寺社などが畿内以外の地域の原野を開発して初期庄園《しょきしょうえん》という農場を経営するようになった。このような初期庄園からは、租《そ》という租税を納めねばならなかった。その意味で、初期庄園は確かに天皇（朝廷）の管理を受けていた。

しかし政治を運営する当時の朝廷の上流貴族たちは、初期庄園を誰かの私有地として扱っていた。このようにして「私的土地所有」への歩みの第一歩が踏み出された。

奈良時代後半の農業技術の発展によって、富豪層《ふごうそう》という有力な農民が多く現われた。かれらは小規模な農地を開発して、勢力を拡大した。

そして平安時代はじめにあたる九世紀前半に、富豪層の中から武士の前身となる村落の小領主が現われた。そして九世紀後半になると、一部の小領主が私領である村落を皇族、貴族、寺社に寄付して中央の有力者の保護を得るようになった。

このようにして、免田型《めんでんがた》（寄進地系《きしんちけい》）荘園がつくられた。大地の神の持ち物とされた「みんなの土地」の中に、ぽつりぽつりと私有地が設定されたのだ。荘園の管理者である地方の武士は、中央の皇族、貴族、寺社などから新たな技術や文化を得ることによって、「みんなの土地」の中で自立を保てたのだ。

これに次いで平安時代末にあたる一一世紀末あたりから、農業技術の急速な進展がみられた。そうした中で中央の皇族、貴族、寺社などが、最新の技術を用いて地方の原野で大掛かりな開発をおこなった。

そのために領域型《りょういきがた》荘園という新たな荘園が全国に広まった。そして領域型荘園の開発を助けた武士たちが、荘園を分割して現地の管理人になった。

この時代に、荘園と朝廷が派遣した国司が治める公領《こうりょう》とが同列にならぶ「荘園公領制《こうりょうせい》」がつくられた。全国の農地の六割ていどが荘園で、残りが公領となっていたのだ。そしてこの時代には公領も、荘園と同じく武士の所領に区分されていた。

名目上の管理者が誰であっても、国内はすべて自立した武士が独自の法にもとづいて統治する荘園に分割されていたのだ。

鎌倉幕府は、自立した小領主の利益を守るために荘園公領制を維持しようとした。しかし鎌倉時代の経済の発展の中で、足利《あしかが》家などの一部の上流の武士の勢力が急速に拡大した。

上流の武士の動きで鎌倉幕府は倒れ、上流武士を組織した室町幕府が成立した。この室町幕府が国ごとに置いた守護大名《しゅごだいみょう》が支配を強化していく中で、荘園の役割は低下していった。

そして戦国動乱のあとの太閤検地によって、荘園の時代は終わる。

このような荘園の歴史をみていくと、日本で長期にわたって荘園制のうえにたった社会がつくられていたことがわかる。そしてその時代の、日本の文化の全国規模の広まりと、経済の発展を主導したのが、地方の荘園の実質的な支配者であった武士たちだったといえるのだ。

●年表

年代	荘園関連の出来事	時代の区分
七〇二	「大宝律令」（七〇一年制定）の施行	飛鳥時代
七二二	百万町歩開墾計画	奈良時代
七二三	三世一身法の施行	
七四三	墾田永年私財法の施行	
七四九	寺院墾田地許可令の施行	
七七〇	僧道鏡が失脚し、政治の刷新が始まる	
（九世紀はじめ）	富豪層と呼ばれる有力農民が現われる	良吏政治の時代（弘仁期）
（九世紀前半）	村落の小領主とその下の自立した家が現われる	
八五八	藤原良房が、摂政に任命される（摂関政治の始まり）	前期摂関期（貞観期）
（九世紀後半頃）	災害が続く中で、寄進地系（免田型）荘園が出現する	
（九世紀後半～一〇世紀はじめ）	古墳時代から続く集落がいくつか消滅する	

九〇二	延喜の荘園整理令
（一〇世紀）	武士の時代　地方に名制《みょうせい》が広まる
九九六	藤原道長が外戚の地位を独占して権力を握る
一〇四〇	長久の荘園整理令（実質上は荘園の公認）
一〇六八	後三条天皇が即位する
一〇六九	延久の荘園整理令
一〇八六	白河上皇の院政が始まる
（一一世紀末）	各地に白河院領が置かれる
	地方に別名《べつみょうせい》制が広まる
（一二世紀前半）	大開墾の時代
一一三七	鳥羽院領の広大な播磨国矢野荘が立荘される
一一五六	保元の乱
	最後の荘園整理となった「保元の新制」が出される
一一五九	平治の乱
一一七九	平清盛が後白河法皇を幽閉する

平安時代

摂関期	院政期	平氏政権

一一八〇	寿永二年十一月宣旨で、源頼朝の自分の占領地の荘園の管理人に対する人事権を認める	平安時代（平氏政権）
一一八五	源頼朝が伊賀と伊勢に、荘郷地頭を置く 平氏が滅亡する 源頼朝が後白河法皇から国地頭（のちの守護）設置の権限を与えられる。このことが鎌倉幕府の成立とされる（このときの法令が「守護、地頭の設置の勅許」と呼ばれることもある）。	鎌倉時代
一二二一	承久の乱の恩賞として御家人が西国の荘園を与えられて移住する	
（一三世紀末～一四世紀はじめ）	地頭請や下地中分がさかんになる	
一二七八	東大寺が伊賀国黒田荘の下司職の大江清定を解任する	
一二九四	東大寺が播磨国大部荘の代官垂水繁昌を解任する	

一三二〇	備後国守護長井貞重の家来が、高野山領の備後国尾道港に侵入する	
一三三三	鎌倉幕府の滅亡	
一三三四	建武の新政	南北朝時代
一三三六	室町幕府の成立	
一三五二	観応の擾乱の中で、観応の半済令が出される	
（一四世紀後半頃）	荘園に集村が広まり始める	
一三九二	南北朝の合一（南北朝時代の終わり）	
（一五世紀はじめ頃）	荘園で惣村が編成されるようになる	室町時代
一四六七〜七七	応仁の乱	
一四九二	北条早雲（伊勢長氏）が伊豆を征圧する（戦国時代の始まり）	戦国時代
一五六八	織田信長の入京	安土桃山時代
一五八二	豊臣秀吉が明智光秀を討って、天下を取る	
一五九一頃	太閤検地がなされる	

荘園から読み解く中世という時代

2022年1月20日　初版印刷
2022年1月30日　初版発行

著者◉武光 誠

企画・編集◉株式会社夢の設計社
東京都新宿区山吹町261　〒162-0801
電話（03）3267-7851（編集）

発行者◉小野寺優

発行所◉株式会社河出書房新社
東京都渋谷区千駄ヶ谷2-32-2　〒151-0051
電話（03）3404-1201（営業）
https://www.kawade.co.jp/

DTP◉アルファヴィル

印刷・製本◉中央精版印刷株式会社

Printed in Japan　ISBN978-4-309-50433-9